Marco Aldinger

„Was ist die ewige Wahrheit?“ „Geh weiter!“

HERDER / SPEKTRUM
Band 5011

Das Buch

Leben heißt Veränderung. Und Veränderung heißt Bewegung. Den meisten Menschen fällt es schwer, in Bewegung zu bleiben und mit dem Strom des Lebens mitzufließen. Offensichtlich haben wir alle die starke Neigung, Dinge festzuhalten und in Besitz zu nehmen. Doch immer wieder werden wir vom Leben selbst vor die Aufgabe gestellt, loszulassen: von scheinbar festen Meinungen und Überzeugungen, von Menschen und vermeintlichen Sicherheiten. Loszulassen und sich gleichzeitig dem Leben anzuvertrauen. Abschiednehmen und Weitergehen – das ist das Leben. Und so lautet die klassische Zen-Antwort auf die Frage: „Was ist die ewige Wahrheit?" „Geh weiter!" Wahrheit ist lebendig, nichts Statisches oder Totes. Von dieser zentralen Einsicht der östlichen Weisen erzählt dieses Buch. Der Autor bringt aber nicht nur die alten Geschichten in neuer Form zur Sprache. Er führt auch ein in Zen, erklärt Hintergründe und tiefere Zusammenhänge einer Tradition, die uns bewußter leben läßt, indem sie uns aufmerksam macht auf den Grund unseres Leidens und auf Möglichkeiten der Befreiung. Eine Sammlung mit Weisheiten, die verblüffen und den Kern des Lebens treffen: Nur wer gelernt hat, loszulassen, nicht „anzuhaften", kann gelassen werden. Die heitere Gelassenheit, für die die Meister des Zen bekannt sind, wird in diesen Geschichten nachvollziehbar und lebendig.

Autor und Herausgeber

Marco Aldinger, M. A., geb. 1955, studierte Philosophie, Religionsgeschichte und Religionsphilosophie, praktizierte Zen bei Taisen Deshimaru-Roshi und ist Schüler der Schwertkunst (Kendo). U. a. Autor des Buches „Bewußtseinserheiterung". Lebt in Heuweiler bei Freiburg.

Marco Aldinger

„Was ist die ewige Wahrheit?“ „Geh weiter!“

Zengeschichten vom Anhaften und Loslassen

Herder
Freiburg · Basel · Wien

Gedruckt auf umweltfreundlichem,
chlorfrei gebleichtem Papier

Originalausgabe

Verlag Herder Freiburg im Breisgau 1998
Herstellung: Freiburger Graphische Betriebe 1998
Umschlaggestaltung: Joseph Pölzelbauer
Umschlagmotiv: Eido Shimano, Kreiszeichnung
ISBN 3-451-05011-0

Diese Welt geht vorüber,
Und alles, was wichtig ist, eilt vorbei.
Ein jeder muß aus seinem Traum erwachen.
Es ist keine Zeit zu verlieren.

Eine Tempelinschrift

Vorwort

Was ist Zen?

Ein junger Mönch fragte Zen-Meister Gensha: „Ich bin ein Anfänger und gerade in diesem Kloster aufgenommen worden. Von wo finde ich Zugang zum Zen?“ Gensha sagte: „Kannst du das Murmeln des Gebirgsbaches hören?“ „Ja“, antwortete der Mönch, „ich kann es hören.“ „Tritt von dort aus in das Zen ein“, war die Antwort des Meisters.

Zen, das sagt diese Geschichte und davon handeln auch viele der für dieses Buch ausgewählten Texte, braucht nicht das Spektakuläre, Ungewöhnliche, auch kein ausgefeiltes Wissen, keine umschriebene Lehre. Das, was Menschen wirklich suchen, die Lebensfülle, ist auch das, was Zen zu erfassen sucht, und zwar auf dem kürzesten und lebendigsten Weg. Solche Lebensfülle ist nicht über das „Haben“ und in der Spirale des „Immer-mehr“ zu erreichen. Erfüllung ist dem möglich, der „unmittelbar“ lebt, sich auf die Wirklichkeit einläßt. Zen meint also im tiefsten eine spirituelle Wirklichkeit, einen Zustand des Friedens, den Geist der Gelassenheit und ein Wissen davon, wie der Mensch wirklich leben sollte. Weil immer mehr Menschen auch im Westen in dieser Richtung suchen, soll ein kurzer Blick auf die wesentlichen Inhalte des Zen und darauf gelenkt werden, was die Zen-Meister selber gesagt und getan haben.

Der Zen-Buddhismus ist das Resultat spiritueller Erfahrungen der drei großen asiatischen Kulturen: Indien, China und Japan. Er entstand aus der Verschmelzung der hinduistisch-buddhistischen Auffassung, daß die Grundwirklichkeit des Lebens durch Nicht-Verhaftung an ihren Erscheinungsformen entdeckt werden kann, und der taoistischen Erkenntnis, daß man zur Harmonie des Lebens mit dem Tao gelangt, indem man dieses Leben losläßt, damit es frei ist, es selbst zu sein.

Zen ist seinem Wesen nach buddhistisch, sein Ziel kein anderes, als das des historischen Buddha Siddhartha Gautama: die Erleuchtung, im Zen „Satori“ genannt. Einzigartig an Zen ist, daß er sich ausschließlich auf das Erlangen dieser Erfahrung konzentriert. „Zen ist die Schulung zur Erleuchtung. Satori ist die raison d'être des Zen, und ohne dieses gibt es kein Zen. Daher ist jede Bemühung, Übung und Lehre auf Satori gerichtete.“ (D. T. Suzuki) Diese Wahrnehmung ist nicht beschreibbar, nur erlebbar.

Zen bemüht sich um die „unmittelbare Hinführung“ des Novizen zum konkreten Wieder-Erleben der Erleuchtungserfahrung des Buddha in ihrer ursprünglichen Form, die ihn selbst zu einem Buddha (Erwachten) macht. Um dieses Ziel zu erreichen, geht Zen auf radikale Weise letztlich über seine eigene „Lehre“, seine Übungen, Rituale und Symbole hinaus. Zen besitzt kein Dogma. Alle buddhistischen Lehrschriften sind für Zen letztlich „nur wertloses Papier, gut genug, um sich damit das Gesäß abzuwischen“ (Hakuin).

Die Wirklichkeit, so die Erfahrung der Meister, läßt sich nur erfassen, wenn der Verstand seinen Anspruch auf sie aufgibt. Zen rät: Versuche nicht die Wirklichkeit zu verstehen, versuche sie unmittelbar zu erfahren. Das Leben ist kein intellektuelles Rätsel, das es zu lösen, sondern ein Mysterium, das es zu erfahren gilt. Sinn des Lebens ist „zu leben“ d. h. bewußt „sein“, hier und jetzt aufmerksam ganz und gar „da“ zu sein. Zen lehrt also die Kunst, unmittelbar, wach und präsent die wirkliche Wirklichkeit zu erleben. Als Zen-Meister Shin-t'ou gefragt wurde, was der Inhalt des Zen sei, antwortete er: „Ihr werdet ihn nicht verstehen, solange ihr ihn nicht habt.“

Das Ziel

Satori ist ein Erkenntnis-Blitzstrahl von nie geahnter Wahrheit. Es ist das Erlangen des Empfindungsvermögens für die wahre Wirklichkeit, das Selbst-Erwachen der Wahrheit (in mir). „Man sieht das wahre Wesen der Welt.“ (Sekiguchi) „Satori ist das Erlebnis, daß das Ich und das All absolut eins sind. Man erkennt, daß alles, Ich und das, was um mich ist, leer ist. Alle Dinge sind nur Erscheinung!“ (Kyozo) „Das Wesentliche bei der Erleuchtung ist, daß das Ich zunichte wird.“ (Basuis) „Die sogenannte Erleuchtung bedeutet nichts anderes, als die Übereinstimmung von Ichlosigkeit und Natürlichkeit.“ (Arifuko) Wobei dem Menschen nur möglich ist, die Bedingungen der Möglichkeit zu schaffen, daß sich Satori ereignet, daß sich das Leben selbst dem Leben offenbart.

Der Weg

Zen wird primär auf zweierlei Weise ausgeübt: durch Meditation und durch die Kommunikation zwischen Meister und Schüler. Das im Zen täglich praktizierte Sitzen in Meditation (Zazen) ist beim Rinzai-Zen ein Meditieren über ein Koan, beim Soto-Zen ein Sitzen ohne Gedanken, Ziel und Absicht (Shikantaza). Die Übung von Zazen ist das Fallenlassen von Körper und Geist. Indem er nach und nach alle Vorstellungen über das Leben losläßt, soll das dynamische Sichöffnen des Menschen zur wirklichen Wirklichkeit geschehen. „Die Einzigartigkeit von Zazen liegt in folgendem: Der Geist wird dabei aus der Knechtschaft aller und jeglicher getrennten Formen, Visionen, Dinge und Vorstellungen befreit, wie heilig und erhaben sie auch sein mögen, und in einen Zustand vollkommener Leere versetzt, aus dem allein heraus er eines Tages seines eigenen wahren Wesens oder des Wesens des Weltalls innewerden kann." (Kapleau)

Eine wichtige Rolle spielt hierbei das Koan. Ein Koan ist ein paradoxes Rätsel, das den Verstand erregt, verwirrt, verspottet, erschöpft und schließlich zerstört. Vielfach haben die Koan anekdotische, legendäre, biographische Ereignisse, Zwiegespräche und Aussprüche großer Zen-Meister zum Inhalt. Ein solches Rätsel wird dem Mönch zu lösen aufgegeben, und oftmals dauert es mehrere Jahre täglicher Bemühung, bis ihm dies gelingt, was mit einem Satori-Erlebnis einhergeht. An einem Koan beißt sich der Verstand die Zähne aus. Die „tanzenden Affen", d. h. die Gedanken, werden mit seiner Hilfe zur Ruhe gebracht, denn das diskursive Denken ist der Todfeind der Erleuchtung. „Wenn sich das Denken totgelaufen hat, ist der Mensch reif für die Erleuchtung." (Deshimaru)

Der Buddhismus

Der Kern der buddhistischen Lehre besagt: Alles in dieser Wandelwelt des Umhergetriebenseins im Kreislauf der Wiedergeburten ist von Leid (Dukha) vergiftet. Der Gegenbegriff zu „Dukha“ ist „Sukha“, was „angenehm“ oder „süß“ bedeutet, d. h., wir können „Dukha“ auch mit „sauer“ übersetzen. Daraus können wir folgern, daß die Aussage „Leben ist Leiden“ meint, daß das Leben, wie wir es gemeinhin leben, Leid ist. Das Leben, weil wir Menschen nicht davon ablassen wollen, es zu ergreifen und festzuhalten, säuert wie Milch, die man zu lange aufhebt. Das Leid entsteht aus der Gier, dem „Durst“ (Trshna). Es ist das Verlangen, das Leid schafft. Die Aufhebung des Begehrens ist die Aufhebung des Leidens. Das Leid hört auf durch Nichtanhaften, durch Loslassen.

Die Welt

Wir leben in einer Welt des Wandels, der Veränderung, des Wachstums, der Entwicklung, und aller Sinn erfüllt sich im Werden. Nichts bleibt, wie es ist. Alles fließt. Sein ist Werden. Nur die Unbeständigkeit ist wirklich. Das einzig Beständige ist der Wandel. Das Leben ist nicht statisch, sondern voll dynamischer Kräfte. Alles Lebendige bewegt, verändert und wandelt sich. Nur Totes ist fest, starr, unverrückbar, sicher. Das Leben ist immer unsicher. Sicherheit und Tod sind eins. Je sicherer du wirst, umso mehr gehst du am Leben vorbei. Am sichersten ist ein Mensch, wenn er in seinem Sarg liegt. Aber wie Zen sagt, ist nicht einmal der Tod endgültig. Zen betont: Nur eines ist sicher: Nichts ist sicher. Und selbst das ist nicht sicher.

Ein Sicherheitsbedürfnis, das wir alle haben, ist das Bedürfnis nach Stabilität: Das Leben erscheint sicherer, wenn nur Dinge passieren, die vorhersehbar sind. So finden wir uns oft sehr lange Zeit lieber mit unangenehmen Lebensumständen ab, als eine Veränderung herbeizuführen und dem Unbekannten eine Chance zu geben; denn alles Unbekannte macht uns Angst. Dieses Sicherheitsbedürfnis ist oft mit spezifischen Ängsten in Hinsicht auf mögliche unliebsame Überraschungen, Katastrophen und Traumata im Zusammenhang mit Veränderungen gekoppelt. Unser Leiden entsteht meist aus unserem Widerstand gegen Veränderung und Wachstum. Viele Krisen können wir als einen „Transformationsstau" verstehen. Etwas will geschehen, will sich wandeln, doch wir halten fest und wollen diese Transformation nicht zulassen. „Das verzweifelte Hängen am Ich, das verzweifelte Nichtsterbenwollen ist der sicherste Weg zum ewigen Tode, während Sterbenkönnen, Hüllenabstreifen, ewige Hingabe des Ichs an die Wandlung zur Unsterblichkeit führt." (Hesse)

Wir heften nur zu leicht unser Identitätsgefühl an irgend etwas – sei es materieller oder geistiger Natur – und büßen dadurch einen großen Teil unserer Kraft und Lebendigkeit ein. Mein Körper wird krank, alt und stirbt schließlich. Mein Besitz nützt sich ab, verfällt. Meine Erinnerungen verblassen. Die Identifikation mit Dingen macht uns verletzbar durch ihren drohenden Verlust. Und doch erscheint uns Identifikation als vermeintlicher Schutz gegen Veränderung attraktiv. Offensichtlich hat der Mensch das Urvertrauen in die Existenz, das Empfinden seiner „kosmischen Geborgenheit" verloren.

Das Loslassen

In Afrika und Asien wird eine interessante Methode verwendet, um einen Affen zu fangen. Man höhlt eine Kokosnuß so aus, daß die Öffnung gerade groß genug ist, daß der Affe seine Hand hindurchstrecken kann. Dann legt man etwas Futter in die Kokosnuß und befestigt sie irgendwo. Sobald nun ein Affe seine Hand durch die Öffnung in die Nuß steckt, das Futter ergreift und dann versucht, seine Faust aus der Nuß zurückzuziehen, ist er gefangen. Alles, was der Affe tun müßte, um seine Freiheit wiederzuerlangen, wäre, seine Faust zu öffnen und das Futter loszulassen. Aber er kann nicht loslassen, weil er, wie die Inder sagen, von einem „verlangenden Herzen" gefangen gehalten wird. Doch dieses verlangende Herz besitzen nicht nur Affen! Ein verlangendes Herz versklavt auch uns. Die Ketten, die uns gefangen halten, schmieden wir uns selbst. Der Großteil unseres Leidens entsteht, weil wir unsere Hände nicht öffnen und loslassen können.

Man besitzt nie etwas wirklich. Alles was du besitzt, wurde dir nur geliehen, und du bewahrt es nur eine Zeitlang auf. Ist man nicht fähig, was man besitzt wegzugeben, so wird man selbst besessen – von seinem Besitz. Aber der Mensch will immerzu haben: Geld, Macht, Gegenstände, Kräfte, Wissen. Sogar in der Liebe will er das Objekt seiner Liebe besitzen. So erscheinen die Konflikte. Das Ego will Dinge für sich haben, um sich zu manifestieren, sein Überleben zu sichern und sich zu vergrößern. Und sowie es etwas besitzt, muß es diesen Besitz verteidigen. Denn in Wahrheit gehört alles zur Ganzheit. Für sich haben wollen heißt, in Kampf zu treten. Wir können Dinge benutzen, aber wir können sie nicht besitzen. Wir realisieren nicht, daß wir wahren Frieden haben, wenn wir das, was wir festhalten, loslassen. Im Gegensatz zum Nehmen erhebt uns das Geben. Der vollkommene Besitz erweist sich erst durch das Geschenk. In der Handlung des Gebens erlebe ich meine menschliche Größe, und dieser Akt erfüllt mich mit Freude. Nicht der, der viel hat, ist reich, sondern der, der viel gibt. „Woran erkennst du, daß die Frucht reif ist? – Daran, daß sie sich löst vom Zweig. Alles reift, um Gabe zu werden, und erfüllt sich im Opfer." (Gide)

Egoismus ist die Angst, an etwas Mangel zu leiden. Der Egoist meint, alles müsse ihm gehören; in seinem Innersten weiß er aber, daß dies Illusion ist, und so ist die Frustration seine ständige Begleiterin, die ihm sein Leben bitter erscheinen läßt. Der Egoist ist nicht in der Lage, das zu genießen, was er hat, weil er damit beschäftigt ist, es zu schützen und mehr davon zu bekommen. Aber Loszulassen und Teilzunehmen am kosmischen Energiefluß ist die einzige Befriedigung, die es im Leben gibt.

Als Liang-chieh mit einem Freund einen Fluß durchwatete, fragte der ihn: „Wie sollte man einen Fluß durchwaten?" „Ohne sich die Füße naßzumachen", antwortete Liang. Einen Fluß zu durchwaten, ohne sich die Füße naßzumachen, das ist die Art, die Dinge zu tun, ohne ihnen verhaftet zu sein.

„Loslösung ist das Herzstück des Zen. Zen bedeutet Verhaftungen zu lösen." (Deshimaru) Die Forderung des Loslassens ist im Zen radikal, absolut, kompromißlos. Zen zerschlägt das Anhaften an den Dingen ebenso wie die hochmütige Weltverachtung. „Erlaubt nicht den Ereignissen eures täglichen Lebens, euch zu binden, aber ihr dürft auch niemals vor ihnen fliehen." (Huang-po) „Wenn du das Heilige liebst und das Gewöhnliche verachtest, dümpelst du immer noch auf dem Meer der Verblendung." (Rinzai) Zen rät: Laß alles los, woran du dich klammerst. Jetzt laß auch alles andere los. Du hast nichts zu verlieren, außer deine Ketten und deine Begrenztheit.

Worte

Philosophische Theorien haben mit Zen so viel zu tun wie eine Schale voll Wörter mit einer Schale voll Reis. Das Lesen einer Speisekarte hat noch keinen satt gemacht. Wer wissen will, wie ein Apfel schmeckt, muß einen Apfel essen. Wer wissen will, was Zen ist, muß Zen praktizieren. Wenn man irgendetwas auf der Welt als reine Erfahrung bezeichnen kann, dann Zen. Worte taugen nicht zur Übermittlung letzter Wahrheiten. „Auch wenn unsere Worte richtig sind, auch wenn unsere Gedanken genau sind, entsprechen sie nicht der Wahrheit." (Sosan) Zen-Meister spielen mit Worten, der „gewöhnliche" Mensch glaubt an Worte, und deshalb spielen die Worte mit ihm und Begriffe bestimmen sein (Er-)Leben. Zen-Meister sprechen so wenig wie möglich, sondern schleudern ihren Schülern die konkrete Wirklichkeit direkt ins Gesicht. Diese Wirklichkeit ist die „So-heit" der natürlichen wortlosen Welt. „Zen hat keine Worte; wenn ihr Satori habt, dann habt ihr alles." (Tai-hui)

Wir sind dem begrifflichen Bewußtsein hörig. Wir haben vergessen, daß Worte nichts als für den alltäglichen Gebrauch erfunde Zeichen sind, die aber mit der Wirklichkeit nichts gemeinsam haben. Wir müssen unseren Glauben an die Absolutheit von Begriffen aufgeben. Der Mensch ist nicht mehr in der Lage, irgendetwas unmittelbar zu erleben. Wir erlauben keiner Erfahrung, einfach reine Erfahrung zu bleiben, nicht einmal ein paar Momente lang. Jede Erfahrung wird augenblicklich zu einem Gedanken reduziert. Wenn du eine Rose siehst und denkst: wie schön, hast du sie schon mit anderen Rosen verglichen, die du früher gesehen hast, und hast sie bewertet. Du siehst nicht länger hier und jetzt diese Rose, du verpaßt ihr So-sein. Jedes Benennen ist gleichbedeutend mit einer Reflektion und Definition und zerstört die Ganzheit jeglicher Erfahrung. Jeder Gedanke erzeugt Wellen in deinem Bewußtsein, dein Bewußtseins-Spiegel gibt nicht mehr die Rose wieder, du bist nicht wirklich präsent, alles wird verzerrt. Zen lehrt uns, damit aufzuhören, alles in Begriffe zu fassen und einfach mit einer Erfahrung zu sein, sie „einfach" bewußt zu erleben.

Der Verstand

Die großen Hindernisse, die Wirklichkeit in ihrem So-sein zu erfahren, sind unser Verstand, unser dualistisches logisches Denken und unser Automatismus, alles in Begriffe fassen zu müssen. Ein jeder weiß, daß die wichtigen Erfahrungen des Menschseins (Liebe, Glück, Erleuchtung, Geburt und Tod) nicht intellektuell verstanden werden können, und doch lassen wir uns in extremem Ausmaß von unserem Verstand beherrschen. Unser Verstand „spielt" uns, wie ein Puppenspieler seine Puppen tanzen läßt. Es gilt, diese Tyrannei und die Begrenztheit des Verstandes zu erkennen, und mit Widersprüchen und Paradoxien leben zu lernen. Nur dumme Menschen wollen alles verstehen. Sie wissen nicht: „Im Leben ist Verstehen der Trostpreis." (Rhinehart) „Die letzte Schlußfolgerung des Verstandes ist zu erkennen, daß es eine Unzahl von Dingen gibt, die sein Fassungsvermögen übersteigen." (Pascal)

Die Vernunft mag der Menschheit höchste Mitgift sein, aber sie ist auch unser größter Fluch. „Die Vernunft muß dazu benutzt werden, die Vernunft zu transzendieren." (Aurobindo) Zen sagt: Der Verstand ist ein Leichenfledderer. Er gräbt alte Knochen aus der Vergangenheit aus, um auf ihnen herumzukauen! Entidentifiziere dich von deinem Verstand! Befreiung kostet den Verstand. „Schlag dir den Kopf ab!" (Rumi)

Adam und Eva wurden aus dem Paradies vertrieben, weil sie die Frucht vom Baum der Erkenntnis gegessen hatten, somit zu Verstandesmenschen geworden waren und ihr Bewußtsein verloren hatten; denn Intellekt bedeutet Schlaf, bedeutet mechanisch sein. Die Zen-Arbeit besteht darin, den Intellekt loszuwerden und das Bewußtsein wiederzugewinnen. Ihr müßt alles, was ihr für euer Wissen haltet, loswerden, denn es ist genau dieses Wissen, das euch (weiter-)schlafen läßt. Du bist nur in dem Maße lebendig, wie du bewußt bist. Bewußtsein unterscheidet Leben von Tod. Du bist nicht lebendig, nur weil du atmest und dein Herz schlägt, du bist nicht wach, nur weil du die Augen offen hast. Fast alle Menschen sind wandelnde Roboter. Je wacher du bist, desto lebendiger bist du. Leben ist das Ziel, und Bewußtheit die Technik, es zu erlangen. Das Leben ist die Offenbarung des Göttlichen, einen anderen Gott gibt es nicht.

Die Logik

Zen liebt das Paradox: Inmitten des strömenden Regens werde ich nicht naß. Denn Zen weiß, das Leben selbst ist paradox: wesentlich und unwesentlich zugleich, ernst und lächerlich, Witz, Aberwitz und Irrwitz. Diese kontradiktorischen Eigenschaften bestehen neben- und „in“-einander wie Welle und Teilchen im subatomaren Bereich. Zen verlangt nicht, daß du aufhörst, rational zu sein. Aber du solltest fähig sein, dann aufzuhören rational zu sein, wenn Irrationalität bzw. Über-Rationalität am Platze ist. Wo Logik ihren praktischen Wert besitzt, soll man sie gebrauchen, wo sie aber versagt oder gar versucht, ihre Grenzen zu überschreiten, da müssen wir ihr Halt gebieten. Jedes logische System ist willkürlich. Der aristotelische Satz vom Widerspruch, Grundlage der abendländischen Geisteskultur, ist eine Kategorie des menschlichen Geistes. Er entspricht nicht der Wirklichkeit und wird der Dynamik des Lebens in keinster Weise gerecht. Tschuang Tse sagt: „Das was eins ist, ist eins. Das was nicht-eins ist, ist auch eins.“ Ouespensky formulierte ganz im Sinne des Zen: „A ist sowohl A als auch Nicht-A. A ist nun aber nicht nur alles, sondern auch ein beliebiger Teil von allem und gleichzeitig ein gegebener und bestimmter Teil. Eine Größe kann größer oder kleiner als sie selbst sein, ein Teil kann gleich dem Ganzen sein, und von zwei gleichen Größen kann eine unendlich größer sein, als die andere. Jedes einzelne Ding kann, während es ein begrenztes besonderes Ding ist, alle Dinge sein und ist alle anderen Dinge.“

Die Leere

Zen ist die Lehre, die die Leere will. Nur in einer leeren, offenen, unvoreingenommenen Geisteshaltung, wenn das individuelle Ich sich seiner selbst völlig entleert hat, vermag sich die wirkliche Wirklichkeit auszudrücken. „Triffst du Buddha, töte Buddha!“ (Rinzai) Selbst Buddha ist nicht so wichtig wie diese Leere, denn nur wenn du restlos leer bist, trifft die Leerheit (in dir) die kosmische Leerheit, d. h. die ursprüngliche, nicht artikulierte Wirklichkeit. „Das Erlangen der Buddhaschaft bedeutet eigentlich ‚Leerwerden'. Es bedeutet, daß du alles wegwirfst, deine Hände von allem wäschst und dir selbst einen unendlichen Raum der Freiheit schaffst. Dies kann nicht verwirklicht werden, solange noch irgend etwas in deinem Geist übrigbleibt, selbst nicht der Gedanke an die Erleuchtung." (Shosan Suzuki) Leerheit ist der Zustand des Geistes, der an keiner Sache haftet. Leer geworden ist ein Mensch dann, wenn er den „Großen Tod" stirbt, das heißt, der Welt des Relativen und Vergänglichen abstirbt. Zen sagt: Kein Augenblick ist so voll des Lebens, da man den Großen Tod stirbt.

Die Zen-Schulung zielt auf einen Bewußtseinszustand ab, der sich dann einstellt, wenn das individuelle Ich sich seiner selbst völlig entleert hat und mit der unendlichen Wirklichkeit aller Dinge eins geworden ist. Ziel des Zen ist die Eins-werdung. Ich werde das Objekt meiner Erkenntnis, und alle Beziehungen werden ersetzt durch das „ist" des reinen Daseins. Da bleibt keine Spur eines Ichs als Subjekt der Erkenntnis übrig, nur Bewußtsein, reine Bewußtheit, die sich selbst erleuchtet.

Geh weiter!

Zen duldet keine Anlehnung an geistliche Autorität. „Triffst du Buddha, töte Buddha! Triffst du einen Patriarchen, töte den Patriarchen! Triffst du einen Arhat, töte den Arhat! Triffst du Vater und Mutter, töte Vater und Mutter! Wenn du sie alle tötest, kannst du wahres Satori erlangen." (Rinzai) Als Yün-men gefragt wurde: „Was ist die ewige Wahrheit?" antwortete er: „Geh weiter!" Als Bodhidharma nach der höchsten Wahrheit gefragt wurde, erwiderte er: „Offene Weite – nichts von heilig!"

Triffst du Buddha, töte Buddha und geh weiter! Mit anderen Worten: Laß nichts, sei es noch so weise, erhaben oder wunderbar, zwischen dich und die direkte Erfahrung der Wirklichkeit treten. Wir dürfen uns auf keine, wie auch immer geartete Vorstellung in bezug auf das Absolute einlassen. Du mußt den Buddha töten, weil du deine eigene Buddha-Natur gewinnen sollst! Den Buddha töten heißt, über alle Namen, Formen und Ideen hinausgehen, den „Großen Tod“ sterben, der Welt der Differenz, des Relativen und Bedingten, des Vergänglichen und Gestalthaften durch und durch abzusterben. „Befreit euch von allem. Am meisten von euch selbst.“ (Huang-po) „Gib es auf, Dinge besitzen und jemanden darstellen zu wollen. Hör auf, zu existieren.“ (Rumi) „Töte, töte, töte dich selbst! Wenn du dich vollkommen getötet hast, dann werde zum Meister von anderen.“ (Bunan) „Stirb während du lebst, und sei vollkommen tot! Dann tue was immer du willst – alles ist gut.“ (Bunan)

Die Tätigkeit des Geistes ist der Wunsch, werde also jeden Wunsch los, auch den Wunsch nach Satori. Danach werde dieses Loswerden los. „Gib auf all dein Mühen, all dein Sehnen, wirf weg, was dir wertvoll ist, vergiß, was du anstrebst, dann, nur dann, wirst du ganz frei sein. Klammere dich an nichts, nicht einmal an Leere. Leere ist ein Konzept. Freiheit ist ein Konzept. Erleuchtung ist ein Konzept. Lasse von jedem Konzept, was es auch immer sein mag, ab. Niemand ist gebunden. Niemand ist geschaffen. Jeder ist im Ursprung und ist frei. Du mußt sein, was du bereits bist. Wo es Name und Form gibt, besteht noch ein Traum. Wo es Name und Form gibt, herrscht Betrug, nicht Wirklichkeit. Wirf alles, was Namen und Form hat, weg! Gib alles auf! Und dann gib die Idee des Aufgebens auf! Verwirf alles; dann verwirf das Verwerfen!“ (Poonja)

Die Suche

Wie erlangt man Satori? Zen sagt: Die Wahrheit kann durch Suchen nicht gefunden werden, aber nur die Suchenden finden sie. Der Schatz ist zu Hause, aber um ihn zu finden, mußt du in die Fremde gehen. Ja schlimmer noch: Wir suchen Hüte, die wir bereits auf dem Kopf haben. „Der Suchende selbst ist das Gesuchte." (Buddhistisches Sprichwort) Deine Suche verhindert die Wahrnehmung des Gesuchten. „Du mußt suchen, ohne zu suchen." (Foyan) Ein berühmtes Zen-Gleichnis handelt von einem Mann, der auf einem Ochsen sitzt und verzweifelt nach eben diesem Ochsen sucht. Ein anderes handelt von einem Mann, der auf der Suche nach der Quelle eines Wohlgeruches nach vielen Jahren am Ende seiner Kraft niedersinkt und dann feststellt, daß dieser Duft seinem eigenen Nabel entströmt.

„Ohne einen Fuß aufgehoben zu haben, sind wir schon angekommen. Die Zunge hat sich nicht bewegt, aber der Unterricht ist beendet." (Mumon) „Es gibt nichts zu erreichen. Nichts zu werden. Nicht die Wahrheit suchen, nicht vor der Illusion fliehen." (Deshimaru) „Suche nicht, fliehe nicht, hafte nicht. Wenn wir nach etwas trachten, verliert unser Geist seine Reinheit." (Sawaki) „Laß dich treiben." (Oboko)

Das Bewußt-sein

Der Geist des Zen ist der Geist des Augenblicks, ist Gegenwartsgeist, Geistes-Gegenwart. „Warte nicht auf die Zukunft. Erwarte nicht das Leben morgen! Der Tod ist in der Nähe und droht dir jeden Augenblick." (Dogen) „Achtet des Einzigen, das ihr habt! Diese Stunde, die jetzt ist. Als ob ihr Macht hättet über den morgigen Tag! Wir ruinieren unser Leben, weil wir das Leben aufschieben. So sinken wir ins Grab, ohne unser Dasein recht gespürt zu haben." (Epikur) Immer wenn ich den Mut habe, der wachrüttelndsten Tatsache meines Lebens, nämlich meinem Tod ins Gesicht zu sehen, werden die Prioritäten klar, und alles was zählt, ist, was jetzt gerade geschieht. Die Vergangenheit ist Geschichte, die Zukunft ein Märchen. Einzig wirklich ist das ewige Jetzt.

Ein meditativer Mensch lebt immer im Neuen, im Frischem. Wenn du die Welt alt und grau findest zeigt das, daß du nicht meditativ bist. Der Bewußtheit ist ständig alles neu. Nichts ist alt, nichts kann alt sein, denn im ununterbrochenen Fluß der Schöpfung wird in jedem Augenblick alles neu erschaffen. In einem meditativen Zustand zu sein bedeutet, daß man sein natürliches Selbst ist, sein Buddha-Selbst, daß man sich seiner Umgebung und dessen was man tut voll bewußt ist. Aufmerksamkeit, Achtsamkeit, Gewahrsein. „Dieses eine Wort ‚Gewahrsein' ist das Tor zu allen Geheimnissen." (Shen Hui) „Der gewöhnliche Mensch bereut seine Verfehlungen, der Auserwählte bereut seine Unachtsamkeit." (Dhun 'Nun) Völlige Konzentration auf das, was man gerade tut. Eine uneingeschränkte Erlebnisfähigkeit, ein vollständiges Da-sein, eine Geisteshaltung der Achtsamkeit im Hier und Jetzt. Dieses bewußte Erfahren ermöglicht, in jedem Augenblick harmonisch auf das zu reagieren, was gerade geschieht. In diesem meditativen Zustand handelt der Mensch jenseits konditionierter automatischer Reaktionsmuster, Zwangslagen und erstarrter Vorstellungen, mentaler Verzerrungen und emotionaler Befleckungen. „Der Geist eines Erwachten ist wie ein Spiegel. Er sucht die Dinge nicht und geht ihnen nicht aus dem

Weg. Was auf ihn zukommt, reflektiert er und hält nichts fest. Das befähigt ihn, über alles zu siegen und selbst nie verletzt zu werden, er handelt ohne Anstrengung." (Chuang-tse) „Wenn dein Bewußtsein zunimmt, wirst du entdecken, daß alles vollkommen ist, entweder für dein Wachstum oder zu deiner Freude!" (Keyes) Wahre Religion basiert vor allem auf diesem: mit aller Intensität voller Freude zu leben.

Geschichten

Geschichten vermögen oft schlagartig auch komplexe Sachverhalte durchschaubar und paradoxe Zusammenhänge anschaulich zu machen. „Wer über Zen schreibt, muß zwei Extreme vermeiden: einmal, so wenig zu beschreiben und zu erklären, daß der Leser völlig verwirrt wird, und zum anderen, so viel zu beschreiben und zu erklären, daß der Leser meint, er verstünde Zen." (Alan Watts)

Eines kann ich dem Leser versichern: Ich verstehe Zen nicht, und dieses Vorwort hat mit Zen nichts zu tun.

Daß es über den Kopf keinen Zugang zum Zen gibt, zeigt auch die Begebenheit die der deutsche Zen-Lehrer Wolfgang Kopp berichtet: Als er zum ersten Mal seinem 1977 verstorbenen Meister Soji Enku begegnete, fragte der ihn, was er schon alles über Zen gelesen hätte. Nicht ohne Stolz erwiderte Kopp: „Fast alles, was in deutscher Sprache erschienen ist." Und er erzählt weiter: „Kaum hatte ich ausgesprochen, fuhr der Meister von seinem Sitz hoch und lief, die Hände mehrmals über dem Kopf zusammenschlagend, durch die Meditationshalle. Dabei rief er aus: ‚Habt ihr das gehört, wie furchtbar, wie entsetzlich!' Schließlich blieb er vor mir stehen und sagte, wobei er mich freundlich anschaute, mit ruhiger Stimme: ‚Lieber junger Freund, ich möchte dir einen guten und ernstgemeinten Rat geben – nimm deine ganzen Bücher und schmeiße sie alle zum Fenster hinaus. Das Anhäufen von philosophischem Wissen hat nichts mit Zen zu tun und ist ihm geradezu entgegengesetzt. Zen ist eine praktische Lehre und keine Sache intellektueller Erklärungen.' Zum Abschied rief er mir noch nach: ‚Ja, ja, der liebe Herr Kopp, der hat zu viel im Kopp!' "

Während einer Wanderschaft kamen die beiden Zen-Mönche Tansan und Ekido an die Furt eines Flusses. Am Ufer stand ein wunderschönes junges Mädchen in einem Seidenkimono. Es hatte offensichtlich Angst, den Fluß zu durchqueren, da er aufgrund starker Regenfälle bedrohlich angeschwollen war. Ekido schaute schnell woanders hin. Tansan hingegen, ohne zu zögern und ohne ein Wort, nahm das Mädchen auf die Arme und trug sie durch das Wasser. Am anderen Ufer setzte er das Mädchen behutsam ab, und die beiden Mönche gingen schweigend weiter. Eine Viertelstunde verging, eine halbe, eine ganze. Da platzte es aus Ekido heraus: „Was ist eigentlich in dich gefahren, Tansan! Du hast auf einen Schlag gegen mehrere Mönchsregeln verstoßen. Wie konntest du dieses hübsche Mädchen überhaupt beachten, geschweige denn sie berühren und ans andere Ufer tragen?“ Tansan erwiderte ruhig: „Ich habe sie am Flußufer zurückgelassen. Trägst du sie immer noch?“

Zen-Meister Nansen, der sich äußerlich in keinerlei Weise von seinen Schülern unterschied, arbeitete zusammen mit seinen Mönchen auf dem Feld. Ein Wandermönch, der des Weges kam, blieb vor den Mönchen stehen und fragte den, der ihm am nächsten stand, ohne zu ahnen, daß es sich um Meister Nansen handelte: „Welcher Weg führt zum Nansen-Kloster?“ Meister Nansen hielt die Sichel, mit der er gerade arbeitete, hoch und sagte: „Für die habe ich dreißig Yen bezahlt.“ Der Mönch erwiderte: „Guter Mann, ich habe nicht nach den Kosten für Ihr Werkzeug, sondern nach dem Weg gefragt, der zu Meister Nansen führt.“ Nansen sagte: „Sie schneidet ausgezeichnet.“

Auf der Suche nach der Weisheit des Zen begab sich ein junger Amerikaner in ein japanisches Kloster, wo er mehrere Monate zubrachte. Immer wieder fragte er den Meister: „Was ist Zen?“ Aber er erhielt keine Antwort. Um zu zeigen, wie ernst es ihm mit seiner Suche war und um seine Ergebenheit zu demonstrieren, begann er morgens, mittags und abends die Gemeinschaftstoiletten zu reinigen. Der Zen-Meister zeigte sich jedoch in keinster Weise beeindruckt, und der junge Mann fühlte sich gekränkt. Nach einigen Tagen wurde dem Mann klar, daß er, wenn er den Wunsch hätte, Toiletten zu säubern, er das überall tun könnte, und er entschloß sich, das Kloster zu verlassen. Er unterrichtete den Zen-Meister von seinem Entschluß. Der Meister bemerkte: „Das ist Zen“.

Ein bereits älterer Mönch kam zu einem Zen-Meister und sagte: „Ich habe in meinem Leben eine Vielzahl von spirituellen Lehrern aufgesucht und nach und nach immer mehr Vergnügungen aufgegeben, um meine Begierden zu bekämpfen. Ich habe lange Zeit gefastet, jahrelang mich dem Zölibat unterworfen und mich regelmäßig kasteit. Ich habe alles getan, was von mir verlangt wurde, und ich habe wahrhaft gelitten, doch die Erleuchtung wurde mir nicht zuteil. Ich habe alles aufgegeben, jede Gier, jede Freude, jedes Streben fallengelassen. Was soll ich jetzt noch tun?“ Der Meister erwiderte: „Gib das Leiden auf!“

Der junge Zen-Schüler Yamaoka Tesshu besuchte einen Meister nach dem anderen, und es erfüllte ihn mit Stolz, sein spirituelles Wissen zu demonstrieren. Schließlich sprach er auch bei Zen-Meister Dokuon von Shokoku vor, der gerade im Garten saß und ein Pfeifchen rauchte. Yamaoka sagte: „Der Geist, Buddha und die Lebewesen existieren letztlich nicht. Die wahre Natur der Erscheinungen ist Leere. Es gibt keine Verwirklichung, keine Täuschung, keine Weisheit, keine Mittelmäßigkeit. Es gibt kein Geben und nichts, was empfangen wird." Dokuon, der still vor sich hin rauchte, sagte nichts. Plötzlich schlug er mit seiner Bambuspfeife Yamaoka auf den Kopf. Das machte den jungen Mann ausgesprochen wütend. „Wenn nichts existiert", erkundigte sich Dokuon sanft, „woher kommt dann dieser Zorn?"

Der alte Zen-Meister liebte es, in Begleitung eines jungen Mönches im Dorf Besuche zu machen. Eines Tages betraten die beiden das Haus eines sehr wohlhabenden Mannes, der sie festlich bewirtete. Nach dem Mahl sagte der Meister: „Du hast uns gut bewirtet, mögen deine Reichtümer sich tausendfach vermehren." Am nächsten Tag besuchten die beiden die armselige Hütte einer alten Frau, die nichts mehr besaß als eine alte kranke Kuh. Die Frau servierte ein einfaches Mahl aus Milch und Reis. Als sie gegessen hatten, sagte der Meister: „Du hast uns gut bewirtet, aber morgen wird deine Kuh sterben." Auf dem Nachhauseweg grübelte der Mönch unaufhörlich: Wie konnte der Meister den wohlhabenden Mann mit noch mehr Reichtum segnen und die alte Frau mit dem Hinweis auf den Verlust ihres einzigen Besitzes beunruhigen? Der Meister, der die Verwirrung seines Schülers bemerkte, erklärte es ihm: „Der Mann hat ein starkes Verlangen nach noch mehr Reichtum, und ich habe ihm meinen Segen gegeben, damit er hoffentlich bald all seiner Schätze überdrüssig wird und sich dem Wesentlichen zuwendet. Die alte Frau ist schon fast frei von weltlichen Bindungen, aber ihr Geist ist nur zur Hälfte mit dem Wesentlichen beschäftigt, den Rest der Zeit denkt sie an ihre Kuh. Ich hoffe, die Kuh wird bald sterben, und sie wird bald vollständige Befreiung erlangen."

Zu einem Zen-Meister kam eines Tages ein junger Mann und erzählte ihm mit großer Freude, daß seine Eltern ihm endlich erlaubt hätten, Rechtswissenschaften zu studieren. „Ich werde keine Mühe scheuen, mein Studium erfolgreich abzuschließen." Der Meister, der nicht gern viele Worte machte, hörte dem jungen Mann gelassen zu und sagte nur: „Und dann?" „Dann werde ich ein guter Rechtsanwalt sein", erwiderte der junge Mann begeistert. „Und dann?" fragte der Meister weiter. „Dann", sagte der junge Mann, „werde ich viele Prozesse führen, von denen ich die meisten gewinnen werde, so daß aufgrund meiner Erfolge und meines Ansehens die Klienten in Scharen zu mir strömen werden." „Und dann?" fragte der Meister wieder. „Dann", fuhr der junge Mann fort, „werde ich viel Geld verdienen, heiraten, eine Familie gründen, ein großes Haus bauen, einen teuren Wagen kaufen und ein schönes Leben führen." Ruhig fragte der Meister wieder: „Und dann?" „Dann", sagte der junge Mann nachdenklich, „dann werde ich eines Tages sterben." Der Meister hob noch einmal die Stimme und fragte: „Und dann?"

Ein Sufi sagte zu einem Zen-Mönch: „Ich bin innerlich so frei und so sehr von allem losgelöst, daß ich nie mehr an mich selber denke, sondern nur noch an andere." Der Zen-Mönch erwiderte: „Ich bin innerlich so frei und so sehr von allem losgelöst, daß ich mich selbst betrachten kann, als wäre ich ein anderer, und deshalb kann ich auch an mich selbst denken."

Ein Mönch fragte Zen-Meister Joshu: „Die zehntausend Dinge kehren in das Eine zurück. Wohin kehrt das Eine zurück?" Joshu erwiderte: „Als ich in Chi'ing-Chou war, nähte ich mir ein Gewand, das sieben Pfund wog."

Ein Besucher fragte Zen-Meister Joshu, unter welcher Devise sein Kloster stünde. Joshu schüttelte den Kopf: „Hier gibt es keine Devise" „Aber Ihr seid doch der Abt hier? Da wird doch sicher eine bestimmte Devise aus den Reden Buddhas existieren?" fragte der Besucher. Joshu antwortete: „Hier gibt es keine Devise. Und das einzige Wort, das ich in meinem Kloster nicht gerne höre, das ist ‚Buddha'."

Ein Mann aus dem Dorf eilte aufgeregt zum Zen-Meister des Klosters: „Meister, Meister! Wir haben große Angst, in unserem Haus lebt ein Geist. Bitte sag mir, was ich tun soll." Der Meister antwortete ruhig: „Leg ein Gedeck mehr auf!"

Es waren einmal drei Zen-Meister, deren Namen niemand kannte. Sie zogen von Dorf zu Dorf und taten nichts anderes, als sich auf den Marktplatz zu stellen und zu lachen. So wurden sie schnell als die „drei lachenden Weisen“ bekannt. Wenn sich diese drei auf einen Marktplatz stellten und zu lachen begannen, dann strömten die Menschen zusammen, und ihr Lachen war so ansteckend, daß schon nach kurzer Zeit alle Dorfbewohner lachten. Sogar als einer von ihnen sehr krank wurde, zogen die drei weiter umher und brachten den Menschen das Lachen. In einem Dorf geschah es dann: der Kranke starb. Die Dorfbewohner liefen zusammen und sagten, das ist jetzt aber eine ernste und traurige Situation. Ihr Freund ist gestorben, jetzt werden wir sie das erste Mal weinen sehen. Aber die beiden Weisen tanzten und lachten, als feierten sie den Tod des Freundes. Die Dorfbewohner waren sich einig: „Das geht nun aber zu weit. Wenn ein Mensch gestorben ist, gehört es sich nicht, zu lachen und zu tanzen.“ Darauf entgegnete einer der beiden Weisen: „Wie könnten wir ihm, der sein Leben lang gelacht hat, den letzten Abschied anders bereiten, als indem wir lachen? Und wenn wir nicht lachen würden, würde er über uns lachen und denken: Wie kann man nur so dumm sein und glauben, daß das Lachen sterben kann. Wie kann das Lachen sterben, wie kann das Leben sterben?“ Doch die Dorfbewohner konnten dies nicht verstehen und stimmten nicht in das Lachen der beiden Weisen mit ein. Sie sagten: „Laßt uns den Leichnam waschen und dann verbennen, wie es sich gehört und die Riten es vorschreiben.“ Aber einer der Weisen widersprach: „Nein, unser Freund hatte eine letzte Bitte: Führt kein Ritual durch, badet mich nicht und wechselt auch meine Kleider nicht. Legt mich genauso wie ich bin auf einen Holzstoß und entzündet ihn. Also laßt uns seinen letzten Willen erfüllen." Und so taten sie es dann auch. Als aber der Holzstoß, auf dem der Verstorbene lag, entzündet wurde, spielte dieser seinen letzten Streich. In seinen Taschen hatte er nämlich Unmengen von Feuerwerkskörpern und Knallfröschen versteckt, und plötzlich gab es unter lautem Geknatter ein grandioses Feuerwerk. Da mußten auch die Trübsinnigsten lachen, und schließlich lachte das ganze Dorf.

Über Zen-Meister Graf Dürckheim erzählt man sich folgende Geschichte: Eine Betschwester besuchte den Grafen und unterhielt sich mit ihm eine volle Stunde über „Gott und die Welt“. Ein umfassendes Spektrum an Themen wurde angesprochen, nur den Bereich der Sexualität erwähnte die Dame mit keinem Wort. Schließlich fragte Graf Dürckheim gegen Ende des Gesprächs die Frau, wie es denn um ihre Sexualität bestellt sei. „Aber Graf Dürckheim“, entgegenete die Dame leicht entrüstet, „wo denken Sie hin, die habe ich bereits vor langer, langer Zeit auf Eis gelegt.“ Worauf Graf Dürckheim bemerkte: „Da hält sie sich auch am besten frisch.“

Ein leidenschaftlicher Schachspieler war, als er anfing nach Befreiung zu suchen, jedesmal, wenn er eine Partie Schach verloren hatte, der Meinung, versagt zu haben. Nachdem er zwei Jahre lang bei einem berühmten Rabbi in die Lehre gegangen war, dachte er, er hätte versagt, wenn er gewonnen hatte. Daraufhin wurde er drei Jahre lang Schüler eines Sufi-Weisen und lernte, daß er, wenn er verlor, sich aber wegen des Verlierens gut fühlte, versagt hatte. Immer noch nicht zufrieden, ging er vier Jahre lang in den Himalaya und lernte von einem großen Yogi, daß er, wenn er gewann, sich aber deshalb schuldig fühlte, versagt hatte. Schließlich und endlich traf er auf einen Zen-Meister. Und was passierte innerhalb weniger Wochen? Er lernte endlich, wie man die Bauern richtig einsetzt!

Ein Zen-Meister wurde gebeten, den Unterschied zwischen Mensch und Tier zu erklären, denn letztendlich besäßen doch beide in gleicher Weise die Buddha-Natur. Der Zen-Meister lächelte: „Gut, ich werde euch den Unterschied zwischen Ratten und Menschen erklären: Wenn wir eine Ratte wiederholt in ein Labyrinth mit vier Tunneln setzen und zuvor immer in den vierten Tunnel ein Stück Käse legen, lernt die Ratte schließlich, immer in den vierten Tunnel zu gehen, um an den Käse zu gelangen. Ein Mensch lernt das auch. Du willst Käse, also gehst du in den vierten Tunnel, und dort ist er. Jetzt verlegt aber der große Gott des Lebens nach einer Weile den Käse in einen anderen Tunnel. Die Ratte geht in den vierten Tunnel. Kein Käse im vierten Tunnel. Die Ratte kommt raus. Geht wieder in den vierten Tunnel, kein Käse. Kommt raus. Wieder in den vierten Tunnel. Kein Käse. Kommt raus. Und so weiter. Schließlich hört die Ratte irgendwann auf, in den vierten Tunnel zu gehen und sucht woanders. Und hier zeigt sich jetzt der Unterschied zwischen Ratten und Menschen: Menschen gehen immer in den vierten Tunnel! Ewig! Menschen sind vom vierten Tunnel ‚überzeugt'. Ratten sind von nichts überzeugt; sie interessieren sich für den Käse. Der Mensch aber entwickelt eine Überzeugung: den Glauben an den vierten Tunnel. Der Mensch fängt sehr schnell an, es für richtig zu halten, in den vierten Tunnel zu gehen, – ob Käse drin ist oder nicht. Der Mensch hat lieber recht als seinen Käse! Ihr habt lieber recht, als daß ihr glücklich seid, und um euch und anderen zu beweisen, daß ihr recht habt, rennt ihr seit Jahren immer wieder in vierte Tunnels. Eure Gehirne wollen lieber recht behalten, als euch glücklich sein lassen. Und genau deshalb habt ihr schon lange keinen Käse mehr bekommen.

Also merkt euch, ihr kriegt den Käse nie, wenn ihr ihn dort zu kriegen versucht, wo er gerade eben noch war. Denn der große Gott des Lebens verlegt den Käse ständig. Ihr aber habt zu viele Überzeugungen über zu viele vierte Tunnels. Ihr seid hier und praktiziert Zen, um alle eure Käse-verneinenden Überzeugungen zu verlieren. Ihr werdet nie glücklich werden, wenn ihr versucht, glücklich zu werden; denn eure Versuche werden gänzlich von euren Überzeugungen gesteuert, wo der richtige Platz ist, an dem der Käse zu sein hat. Sobald ihr eine Vorstellung davon habt, was z. B. Satori ist und wo ihr es bekommen könnt, habt ihr die Chance, Satori zu erlangen, verspielt. Weil jede Vorstellung oder Überzeugung das wirkliche Erleben zerstört.

Also wenn es einem von euch einmal gelingen sollte, Gott zu begegnen, versucht nicht, ihn dort noch einmal zu treffen. Gott kommt rum. Wenn du versuchst, ihn festzulegen, wirst du ihn niemals wiedersehen. André Gide sagte: ‚Begehre nicht, Gott anderswo zu finden als überall. Wohin du auch gehen magst, immer begegnest du Gott – Gott ist, was vor uns ist. Sei wie ein Wanderer, der alles nur im Vorbeigehen betrachtet und nirgends Halt macht.' "

„Ich habe einen heiligen Mann im Himalaya getroffen, der in die Zukunft sehen kann und der seine Schüler trainiert, das gleiche zu tun“, erzählte ein junger Mann sichtlich beeindruckt. „Das kann jeder“, sagte der Zen-Meister gelangweilt, „mein Weg ist viel schwieriger“. „Wie ist er denn?“, erkundigte sich der junge Mann neugierig. Der Meister sagte: „Ich bringe die Menschen dazu, die Gegenwart zu sehen.“

„Kann die Zypresse Buddha-Natur erlangen?“, fragte ein Mönch Zen-Meister Joshu. „Ja!“, antwortete Joshu. „Wann?“, fragte der Mönch. „Wenn die Leere auf die Erde fällt“, erwiderte Joshu. „Wann wird das sein?“, fragte der Mönch weiter. „Wenn die Zypresse Buddha-Natur erlangt hat“, antwortete Joshu.

Ein philosophischer Kongreß, der die Entscheidung bringen sollte auf die Frage: „Sind die Dinge außer uns, für sich, auch ohne uns, oder sind die Dinge in uns, für uns, nicht ohne uns?“, fand im Kloster Mi Sang statt, welches am Ufer des Gelben Flusses liegt. Ein Kongreßteilnehmer formulierte die Frage konkret: „Ist der Gelbe Fluß wirklich, oder existiert er nur in unseren Köpfen?“ Eine erregte Debatte begann. Nun gab es aber am darauffolgenden Tag eine außergewöhnliche Schneeschmelze im Gebirge, in deren Folge stieg der Gelbe Fluß über seine Ufer und schwemmte das Kloster Mi Sang mitsamt allen Kongreßteilnehmern hinweg. So ist der Beweis, daß die Dinge außer uns, für sich, auch ohne uns sind, leider bis heute noch nicht erbracht worden.

Der Deutsche Achim Seidl, der eine gekürzte Fassung der Koan-Sammlung Bi-Yän-Lu herausgegeben hat, berichtet: „Als ich mich das erste Mal in ein Rinzai-Kloster begab, machte der Zen-Meister zur Bedingung, daß ich mich, wie jeder andere, als einfacher Mönch im Klosterleben einordnete. Das bejahte ich, und mich verneigend, wollte ich mir gleich die übliche Glatze scheren und mich rasieren lassen. Der Meister überlegte kurz und gab mir dann zu verstehen, die Haare könnten ungeschoren bleiben. Einige Wochen später kam ein Dozent aus Oxford, um auch einige Zeit im Kloster zu verbringen. Beim Aufnahmezeremoniell wollte der junge Dozent sich zwar grundsätzlich einordnen, nur seine Haare müsse er unbedingt behalten, da er bald internationale Vorträge halte. Der Meister lächelte und bestimmte: ‚Ihre Haare kommen sofort runter, oder der Vorsteher wird sie hinausbegleiten'. Innerlich wütend, verwies der Engländer auf meinen behaarten Kopf. Der Meister winkte nur ab und sagte so nebenbei: ‚Dem waren die Haare gleichgültig.' "

Die beiden Zen-Meister Chao Chou und Wen Yuan führten eines Tages zum Scherz ein Streitgespräch. Sie waren übereingekommen, daß der, dessen Argumente die stärkeren wären, der Verlierer, der mit den schwächeren Argumenten der Sieger sein sollte. Als Preis sollte der Verlierer dem Gewinner eine Feige geben. „Du sprichst zuerst“, sagte Wen Yuan zu Chao Chou. Chao Chou sagte: „Ich bin ein Esel.“ Wen Yuan erwiderte: „Ich bin der Bauch dieses Esels.“ Chao Chou sagte: „Ich bin der Kot, den dieser Esel fallen gelassen hat.“ Wen Yuan entgegnete: „Ich bin ein Wurm in diesem Kot.“ Chao Chou fragte: „Was machst du in dem Kot?“ Wen Yuan erklärte: „Ich verbringe dort meine Sommerferien.“ Chao Chou sagte: „Also gut, gib mir die Feige.“

Es gab in den Zen-Tempeln Japans eine alte Sitte: Gewinnt ein Wandermönch das buddhistische Streitgespräch mit einem der Mönche des Tempels, in dem er Unterkunft sucht, so kann er die Nacht über bleiben, wenn nicht, muß er weiterziehen. Eines Abends kam ein Wandermönch auf der Suche nach einem Nachtlager zu einem Kloster, in dem sich nur noch zwei Mönche aufhielten. Der eine Mönch war sehr gelehrt, aber da er an diesem Tag schon viele Stunden die Sutras studiert hatte, war er müde, und so bat er den anderen Mönch, seinen Bruder, der geistig etwas zurückgeblieben war und nur noch ein Auge besaß, das Streitgespräch zu führen. Der weise Mönch riet seinem etwas dummen Bruder, er solle es aber zur Bedingung machen, daß das Gesprächs ohne Worte stattfinde. Etwa zehn Minuten später kam der Wandermönch zu dem gelehrten Mönch und sagte: „Das ist aber ein schlauer Kerl, den du mir zur Debatte geschickt hast. Ich hatte keine Chance gegen ihn und möchte mich von dir verabschieden." „Bevor du gehst, erzähle mir doch bitte den Verlauf des Gesprächs", bat der Mönch. „Nun gut", sagte der Wanderer, „zuerst hielt ich einen Finger hoch – der repräsentierte Buddha. Daraufhin hielt dein Bruder zwei Finger hoch – für Buddha und seine Lehre. Da hielt ich drei Finger hoch – für Buddha, seine Lehre und die Gemeinde seiner Anhänger. Da hielt mir dein Bruder die geballte Faust vors Gesicht, was heißt, daß alle drei aus einer Wurzel und einer Erkenntnis stammen. Da sah ich ein, daß ich verloren hatte." Damit verabschiedete sich der Wandermönch und zog weiter. Kurz darauf traf der kluge Mönch seinen Bruder, der etwas verstört wirkte: „Ich hörte, du hast die Debatte gewonnen. Erzähle mir von deiner Kunst der Rhetorik." „Nun gut", sagte der

Mönch, „es begann damit, daß der Wandermönch einen Finger hochhielt, um mich auf hochnäsige Weise zu beleidigen, weil ich ja nur ein Auge habe. Ich wollte aber höflich sein, mich nicht provozieren lassen, und so hielt ich zwei Finger hoch, um ihm zu seinen beiden gesunden Augen zu gratulieren. Da hielt doch dieser unverschämte Mensch drei Finger hoch, um zu zeigen, daß wir zusammen nur drei Augen haben. Das machte mich so wütend, daß ich ihm schließlich mit der Faust drohte – da nickte er stumm, als Zeichen, daß er mich verstanden hatte und ging."

Ein Zen-Mönch stand auf einem kleinen Hügel und schaute ins Land. Einige Leute, die vorüberkamen und ihn da stehen sahen, begannen sich über ihn zu unterhalten. Einer sagte: „Sicher vermißt er seinen Hund." Ein anderer meinte: „Nein, es wird ein Freund sein, nach dem er Ausschau hält", und ein dritter sagte: „Ach was, bestimmt genießt er nur die kühle Luft da oben." Da die drei sich nicht einigen konnten, beschlossen sie, auf den Hügel zu gehen, um den Mann zu fragen. Der erste fragte: „Warum stehst du hier? Ist dir dein Hund weggelaufen?" „Nein", antwortete der Mann, „ich besitze gar keinen Hund." Darauf fragte der zweite: „Dann hältst du sicher nach einem Freund Ausschau?" „Nein", antwortete der Mann, „auch das tue ich nicht." Schließlich fragte der dritte: „Genießt du vielleicht den frischen Wind hier oben auf der Anhöhe?" „Nein", antwortete der Mann, „ich genieße auch nicht den frischen Wind hier oben." Da fragten ihn alle drei: „Ja, warum stehst du dann hier?" Da antwortete der Mönch: „Ich stehe hier einfach nur so."

Ein konfuzianischer Dichter kam einst zu Zen-Meister Hui-t'ang: „Bitte enthülle mir das Geheimnis deiner Lehre." Woraufhin Hui-t'ang eine Redewendung des Konfuzius zitierte: „Glaubst du, ich verberge etwas vor dir, mein Schüler? Ich habe wirklich nichts vor dir zu verbergen." Da Hui-t'ang dem Poeten nicht erlaubte, noch weitere Fragen zu stellen, ging dieser äußerst verwirrt weg. Kurze Zeit später trafen sich die beiden zufällig in den Bergen wieder und gingen zusammen ein Stück des Weges. Als sie an einem wilden Lorbeerstrauch vorüberkamen, wandte sich der Meister zu seinem Begleiter und fragte: „Riechst du es?" Auf die Antwort „Ja" sagte Hui-t'ang: „Siehst du, ich habe nichts vor dir zu verbergen!" Bei diesen Worten wurde dem Dichter Satori zuteil.

Ein Schüler kommt von einer Pilgerschaft zurück, auf der er Satori hatte. Ehrfürchtig nähert er sich dem Meister, der ihn schweigend erwartet, und geht vor ihm auf die Knie. In dem Augenblick, in dem er den Kopf hebt und beginnen will, etwas zu sagen, sausen dreißig harte Stockschläge auf ihn nieder. „Aber Meister", fragt der Schüler erstaunt, „warum das? Ich habe doch noch kein einziges Wort gesagt." Der Meister erwidert: „Hättest du auch nur ein Wort gesagt, es wäre zu spät gewesen."

Ein Zen-Meister war gerade mit zwei seiner Schüler beim Teetrinken, als er plötzlich seinen Fächer einem von ihnen vor die Füße warf und sagte: „Was ist das?“ Der Schüler öffnete den Fächer und fächelte sich Luft zu. „Nicht schlecht“, lautete des Meisters Kommentar. „Und nun bist du an der Reihe“, rief er und gab den Fächer dem anderen Schüler, der ihn auf der Stelle zusammenklappte und sich mit ihm am Hals kratzte. Nachdem er dies getan hatte, öffnete er ihn wieder, legte ein Stück Kuchen auf den Fächer und bot es dem Meister an. Dieser nahm es lächelnd entgegen.

Als Zen-Meister Fa-yen gefragt wurde, auf welche Art die Kunst des Zen erlernt wird, antwortete er, sie gleiche der Art, wie die Kunst des Einbrechens erlernt wird: Einst bemerkte der Sohn eines Einbrechers, wie sein Vater alt und schwach wurde und dachte: Wenn er bald nicht mehr imstande ist, seinem Beruf nachzugehen, wer soll dann die Familie ernähren, wenn nicht ich? Ich muß also sein Handwerk erlernen. Er sprach mit dem Vater darüber, der erklärte sich einverstanden, seinen Sohn zu unterrichten, und in der darauffolgenden Nacht nahm der Vater seinen Sohn mit zum Haus eines sehr reichen Mannes. Sie drangen in das Haus ein. Drinnen öffnete der Vater eine große Truhe und veranlaßte den Sohn, in sie hineinzusteigen, um wertvolle Kleidungsstücke herauszuholen. Sowie der Sohn in die Truhe geklettert war, gab der Vater ihm einen Stoß, so daß er hinfiel, schlug den Deckel der Truhe zu und verriegelte sie. Vorsichtig schlich sich der Vater aus dem Haus. Sobald er aber draußen war, hämmerte er mit beiden Fäusten gegen die Eingangstür und weckte so alle Hausbewohner auf. Als der Vater sah, daß im Haus Kerzen angezündet wurden, floh er eilig. Die Hausbewohner waren in große Aufregung geraten und suchten nach einem Einbrecher. Schnell wurden sie sich jedoch einig, daß der Dieb schon entwischt sein mußte. Der Sohn lag währenddessen in der verriegelten Truhe, fassungslos, wie grausam sein Vater doch sei. Er war ganz verzweifelt, bis ihm plötzlich ein Einfall kam. Er kratzte mit seinen Fingernägeln am Holz der Truhe und imitierte so das Geräusch einer nagenden Ratte. Daraufhin befahl der Hausherr einer Magd, die Truhe zu untersuchen. Nachdem sie die Truhe entriegelt hatte und gerade den Deckel hob, sprang der Junge mit einem Schrei empor, blies die Kerze der Magd aus, stieß sie beiseite und rannte aus dem Haus. Doch der Hausherr verfolgte ihn. Als der Sohn im Garten an einem Brunnen vorbeikam, ergriff er einen schweren Stein, warf ihn ins Wasser und rannte weiter. Sein Verfolger blieb am Brunnen stehen, weil er glaubte, der Einbrecher sei im Dunkeln versehentlich in den Brunnen gefallen. Mit diesem Trick hatte der Junge seinen Verfolger abgeschüttelt, und so gelangte er unversehrt nach Hause. Dort machte er dem Vater schwere Vorwürfe, wie er ihn so behandeln und im Stich lassen konnte. „Erzähle mir zuerst, wie es dir gelungen ist, aus dieser mißlichen Lage zu entkommen", sagte der Vater. Und nachdem ihm der Sohn sein Abenteuer berichtet hatte, bemerkte der Vater stolz: „Sehr gut, mein Sohn! Du hast meine Kunst bereits erlernt."

Der Mönch Ma-tsu übte sich unentwegt in Zazen, dem Sitzen in Meditation, und wurde deshalb von Zen-Meister Huai-jang angegriffen: „Was ist das Ziel des Zazen?" „Das Ziel", antwortete Ma-tsu, „besteht darin, ein Buddha zu werden." Daraufhin hob Huai-jang eine Bodenfliese auf und begann, sie an einem Felsen zu reiben. „Was tut ihr da, Meister?" fragte Ma-tsu erstaunt. „Ich poliere diese Fliese zu einem Spiegel", sagte Huai-jang. „Wie kann man aus einer Fliese durch Polieren einen Spiegel machen?" fragte Ma-tsu. „Wie kann man durch Zazen ein Buddha werden?" erwiderte Huai-jang.

Einst trafen drei orthodoxe buddhistische Mönche auf ihrer Wanderschaft einen Zen-Mönch, der gerade von einem Aufenthalt bei dem für seine besonders drastischen Lehrmethoden berühmten Zen-Meister Rinzai zurückkehrte. Da die Begegnung auf einer Brücke stattfand, fragte einer der Mönche in Anspielung auf den Standort: „Wie tief ist der Fluß des Zen?“ Spontan entgegnete der Rinzai-Schüler: „Das müßt Ihr selbst herausfinden“, und die beiden Begleiter des Fragenden konnten im letzten Moment verhindern, daß der Zen-Mönch ihren Glaubensbruder die Brücke hinunter in den Fluß stieß.

An einem Meer wohnten drei alte Zen-Mönche, die in ihrer spirituellen Entwicklung so weit fortgeschritten waren, daß in ihrer Umgebung wundersame Dinge geschahen. Wenn sie morgens ihre Meditation beendet hatten und zum Baden ins Meer gingen, hängten sie ihre Meditationsmäntel einfach in den Wind. Und die Mäntel blieben im Wind schweben, bis die Mönche zurückkamen, um sie wieder anzuziehen. Eines Tages, als die drei gerade badeten, beobachteten sie, wie plötzlich ein großer Seeadler auf das Wasser hinunterstieß, und als er sich wieder in die Lüfte schwang, einen zappelnden Fisch im Schnabel hielt. Der eine Mönch sagte: „Böser Vogel!“ Da fiel sein Mantel auf den Sand. Der zweite Mönch sagte: „Armer Fisch!“ Da fiel auch sein Mantel zu Boden. Der dritte Mönch sah dem Vogel nach, der mit dem zappelnden Fisch im Schnabel am Horizont langsam immer kleiner und kleiner wurde und schließlich ganz verschwand. Er schwieg – und sein Mantel blieb im Wind hängen.

Bokuden Tsukahara, ein Meister der Schwertkunst, hatte drei Söhne. Als er seinen Tod nahen fühlte, stellte sich ihm die Frage, welchem Sohn er sein Schwert vererben sollte. Um die Fähigkeiten seiner Söhne zu prüfen, legte Tsukahara ein Meditationskissen so auf einen Türrahmen, daß es beim Öffnen der Tür dem Eintretenden auf den Kopf fallen mußte. Dann rief er seinen jüngsten Sohn zu sich. Dieser schritt den Korridor entlang und öffnete sorglos die Tür zu seines Vaters Zimmer. Unerwartet fiel das Kissen herunter, doch bevor es ihm auf den Kopf fiel, sprang der Junge zurück, zog, schnell wie der Blitz, sein Schwert und schlug das Kissen in der Mitte entzwei, noch bevor es zu Boden fiel. Der jüngste Sohn, zufrieden mit seiner Reaktion, lächelte. Kurze Zeit später rief der Vater seinen zweiten Sohn zu sich. Auch er öffnete nichtsahnend die Tür. Das Kissen fiel herab. Blitzschnell griff er nach oben und hielt es fest in seinen Händen; ruhig legte er es vor sich auf den Boden. Zuletzt rief der Vater seinen ältesten Sohn. Als dieser das Zimmer betreten wollte, spürte er intuitiv, daß etwas nicht stimmte. Mit dem Fuß stieß er die Tür auf, er sah, wie das Kissen herunterfiel und mußte herzhaft lachen, weil ein einfaches Kissen ihn beinahe erschreckt hätte. Gelassen setzte er sich auf das am Boden liegende Kissen und sagte: „Du wolltest mich sprechen, Vater?“

Zen-Meister Joshu kam zu einem Eremiten und fragte: „Bist du da?“ Der Eremit zeigte seine Faust. Joshu sagte: „Das Wasser ist zu seicht, als daß ein Schiff darin vor Anker gehen kann.“ Und er ging fort. Kurze Zeit später kam er zu einem anderen Eremiten und rief: „Bist du da?“ Auch dieser Eremit zeigte seine Faust. Joshu sagte: „Du hast die Freiheit zu geben oder zu nehmen, zu töten oder Leben zu geben“, und verneigte sich vor ihm.

Zen-Meister Hung-jen fragte einen Neuankömmling: „Von woher kommst du?“ Der Mann antwortete: „Ich bin ein Mann aus Ling-nan.“ Hung-jen fragte weiter: „Und was willst du?“ „Ich möchte ein Buddha werden“, erwiderte der Mann. „Die Menschen aus Ling-nan haben keine Buddha-Natur, wie willst du da ein Buddha werden?“ fragte Hung-jen.

Als Zen-Meister Dsi-hu im Jahre 839 am Roßtrappenberg ein Zen-Kloster errichtete, stellte er am Tor eine Warntafel auf: „Hier haust ein Hund. Oben reißt er den Leuten den Kopf ab, in der Mitte packt er sie am Herz, und unten beißt er sie in die Füße. Wer lange sich besinnt und disputiert, verliert hier Leib und Leben." Als ein Wandermönch vorbeikam und Dsi-hu fragte, wo denn dieser Hund sei, da bellte der Meister erschreckend laut: „Wau, wau!"

Jeden Tag pflegte Zen-Meister Zuigan Shigen sich selbst zuzurufen: „Meister!" und sich selbst zu antworten: „Ja?" Dann fragte er: „Bist du wach?" und pflegte darauf zu antworten: „Jawohl!" „Laß dich an keinem Tag, zu keiner Zeit, von anderen täuschen", ermahnte er sich. „Nein, Meister."

Ein Mann hatte viel Kummer mit einer Maus, die sich bei ihm häuslich eingerichtet hatte. Selbst am hellichten Tag trieb die Maus ihr Unwesen und nagte schließlich sogar den kostbaren Ahnenaltar an. Bei dem Versuch, die Maus zu fangen, ging eine kostbare Vase zu Bruch, und der Mann stieß sich an einer Tischkante sehr schmerzhaft den Kopf. Alle Versuche des Mannes, die Maus zu fangen, schlugen fehl. Als sein Nachbar davon erfuhr, riet der ihm, er solle sich doch irgendwo eine Katze ausleihen. Schließlich lieh dem Mann jemand eine schöne, starke und eindrucksvolle Katze; doch die Maus erwies sich als der Katze überlegen, denn sie war einfach schneller, und bald schien sie sich über die angestrengten Bemühungen der Katze geradezu lustig zu machen. Der Mann lieh sich schließlich eine andere Katze, die als durchtrieben und hinterlistig galt; doch ab diesem Zeitpunkt war die Maus ständig ganz besonders auf der Hut und zeigte sich nur noch, wenn die Katze schlief. Ein Bekannter riet dem Mann zu einer dritten Katze, die aus einem Zen-Tempel stammte und über die man sich wundersame Dinge erzählte. Nachdem der Mann sich nun auch diese Katze ausgeborgt hatte, war er doch sehr überrascht. Die Katze schien eine ganz gewöhnliche Katze zu sein, ja sie schien sogar ein bißchen zerstreut zu sein und schlief den ganzen Tag. Der Mann war sich sicher, daß diese Katze ihn bestimmt nicht von der Maus befreien würde. Und in der Tat, die Katze, ruhig und gleichgültig wie sie war, flößte der kleinen Maus bald keine Angst mehr ein. Die Maus lief bald ohne jede Vorsicht ganz nah an ihr vorbei. Aber schon am nächsten Morgen wurde sie, scheinbar aus dem Nichts heraus, mit einem blitzschnellen Pfotenhieb gefangen.

Zen-Meister Hakuin wurde, da er ein makelloses und bescheidenes Leben führte, von allen im Dorf sehr geachtet. Eines Tages wurde ein junges Mädchen, das mit seinen Eltern ganz in der Nähe von Hakuins Haus wohnte, schwanger. Die Eltern waren sehr bestürzt und drängten das Mädchen zu sagen, wer der Vater sei. Sie wollte zunächst nicht antworten, aber schließlich nannte sie den Namen Hakuins. Wutentbrannt eilten die Eltern zu Hakuins Haus und machten ihm heftige Vorwürfe, aber Hakuin sagte lediglich: „So." Als das Kind geboren war, brachten die Eltern des Mädchens das Kind zu Hakuin, damit dieser sich um das Kind kümmere. Hakuin sagte lediglich: „So", und sorgte ab diesem Zeitpunkt liebevoll für das Kind. Es verging ein ganzes Jahr, da konnte die Mutter des Kindes es schließlich nicht mehr länger ertragen und gestand ihren Eltern die Wahrheit: Der wirkliche Vater war ein junger Mann, der im Hafen arbeitete. Die Eltern des Mädchens gingen sogleich zu Hakuin, entschuldigten sich bei ihm, baten ihn vielmals um Vergebung und nahmen das Kind an sich. Hakuin sagte lediglich: „So."

Zen-Meister Nan-in empfing einen Besucher, der um eine Zen-Unterweisung gebeten hatte. Nan-in bot ihm zunächst eine Tasse Tee an. Er bat ihn, sich zu ihm zu setzen, stellte eine Schale vor den Besucher und begann, ihm Tee einzugießen. Doch als die Schale voll war, goß Nan-in ganz gelassen weiter, so daß die Schale überlief. Der Besucher rief: „Halt! Was machen Sie denn da, die Schale ist doch voll, da geht nichts mehr hinein." Nan-in lächelte: „So wie die Schale bist du voll deiner eigenen Ansichten und Vorstellungen. Wie soll ich dich Zen lehren können, bevor du deine Schale nicht geleert hast?"

Zen-Meister Hyakujo hatte so viele Schüler, daß er gezwungen war, ein zweites Kloster zu eröffnen. Er rief alle Mönche zusammen, da er einen von ihnen auswählen wollte, der Vorsteher des neugebauten Klosters zu werden. Hyakujo stellte einen mit Wasser gefüllten Krug vor den versammelten Mönchen auf den Boden und sagte: „Wer kann sagen, was dies ist, ohne es beim Namen zu nennen?“ Einer der älteren Mönche, der mit seiner Wahl rechnete, sagte: „Niemand kann es einen Schuh nennen.“ Hyakujo schwieg. Ein anderer Mönch, der sich für besonders klug hielt, sagte: „Es ist kein Teich, denn es kann getragen werden.“ Hyakujo schwieg. Da trat aus der hinteren Ecke des Raumes der Koch des Tempels nach vorne, stieß wortlos den Krug um und schickte sich an, den Raum zu verlassen. Hyakujo lächelte und sagte: „Der Koch wird der Leiter des neuen Klosters.“

Es war Winter, als Ikkyu auf Wanderschaft war und er in einem kleinen Tempel übernachtete. Die Nacht war sehr kalt, und auf dem Tempelaltar standen drei hölzerne Buddhastatuen. Kurzerhand zündete Ikkyu eine der Figuren an, um sich zu wärmen. Zufällig wurde der Vorsteher des Tempels wach, roch den Rauch und lief in die Meditationshalle, um nach dem Rechten zu sehen. Er glaubte seinen Augen nicht zu trauen. Da saß Ikkyu fröhlich vor der brennenden Buddhastatue und wärmte sich die Hände. „Bist du verrückt geworden? Wie kannst du so etwas tun?“, schrie der Tempelvorsteher. Ikkyu entgegnete ruhig: „Dem Buddha in mir war sehr kalt. Ich stand vor der Wahl, den hölzernen Buddha dem lebenden zu opfern oder den lebenden Buddha dem hölzernen.“ Aber der Tempelvorsteher verstand Ikkyus Worte nicht, war voller Wut und schrie: „Mach, daß du hier wegkommst! Du hast einen Buddha verbrannt.“ Da stocherte Ikkyu in der Asche der inzwischen niedergebrannten Buddhafigur, in Anlehnung an den Brauch, in der Asche Verstorbener nach Shari zu suchen (eine Art mineralischer Niederschlag, der nach der Verbrennung eines menschlichen Körpers in der Asche gefunden wird, und der bei den Buddhisten die Heiligkeit des Verstorbenen mißt). „Was machst du denn jetzt!“, rief der Tempelvorsteher fassungslos. „Ich suche nach der heiligen Shari des Buddhas.“ Da lachte der Tempelvorsteher und sagte: „Du bist ja völlig verrückt. Wie kannst du Shari bei einem hölzernen Buddha erwarten?“ „Dann bring mir die anderen beiden Statuen auch noch“, forderte Ikkyu, „die Nacht ist noch lang, und ich friere noch immer!“

Zen-Meister Tozan starb am ersten Tag des dritten Monats im Jahre 869. Nachdem er sich den Kopf rasiert hatte, setzte er sich im Lotossitz vor seine versammelten Mönche, bat einen der Mönche, die große Glocke zu schlagen und verschied beim letzten Glockenschlag. Als kein Zweifel mehr bestand, daß der Meister tot war, machten seine Schüler ihrem Kummer und ihrer Trauer um den Tod des Meister Luft und verursachten mit ihrem Weinen und Schluchzen einen solchen Lärm, daß Tozan, obwohl er bereits tot war, bewußt wurde, wie unvorbereitet seine Schüler waren und er wieder zum Leben erwachte! „Ihr dummen Burschen", sagte er, öffnete seine Augen und sah in die Gesichter seiner völlig erstaunten Schüler. „Wißt ihr denn nicht, daß ihr niemals irgendetwas begreifen werdet, solange ihr an Körper und Geist haftet? Die Bemühungen eines Zen-Mönchs haben zum Ziel, an nichts sein Herz zu hängen." Die Schüler waren sprachlos. Der Meister erhob sich von seinem Totenlager und klagte: „Ihr macht einen solchen Lärm, daß ich nicht einmal in Ruhe sterben kann!" Die fassungslosen Schüler beschlossen daraufhin, so lange zu fasten, bis ihr kranker und völlig entkräfteter Meister wieder gestorben war. Aber nach sieben Tagen des Fastens war Meister Tozan lebendiger denn je. Sein vertrautester Schüler faßte sich schließlich ein Herz und fragte den Meister, wann er wohl wieder zu sterben gedenke: „Wir haben alle so großen Hunger." „Gut", lachte Tozan, „wenn das so ist, werde ich morgen sterben." Am darauffolgenden Tag, nachdem er ein Bad genommen hatte, setzte sich Tozan mit all seinen Schülern zum Zazen und starb ruhig und friedlich während des Kusen, der mündlichen Unterweisung des Meisters beim Zazen. Seine letzte Anordnung lautete, daß künftig beim Tod eines Abtes jegliches Wehklagen zu unterbleiben habe.

Ein Laienschüler kam strahlend zu seinem Zen-Meister: „Ich bin gerade befördert worden!" Der Meister erwiderte: „Das tut mir leid; aber wenn wir zusammenhalten, dann stehen wir das schon durch." Zwei Tage später kommt derselbe Mann wieder: „Die Firma hat Konkurs gemacht, ich wurde entlassen." Da sagt der Meister: „Das ist eine gute Nachricht. Laß uns ein Glas Sake trinken, jetzt kann etwas sehr Schönes passieren."

Ein Mönch war gerade im Begriff, den Klosterbezirk zu verlassen, als der Zen-Meister ihn fragte: „Wohin gehst du?" „Ich beabsichtige, einige Kräuter zu sammeln", erklärte der Mönch. „Welches Werkzeug benutzt du, um sie auszugraben?" fragte der Meister. Der Mönch zeigte dem Meister ein Messer, woraufhin der Meister bemerkte: „Gut, benütze es, doch achte darauf, daß es nicht auch dich benützt." Der Mönch dankte für diesen Hinweis mit einer dreimaligen Verbeugung.

Zwei benachbarte Zen-Klöster hatten beide einen Jungen als Dienstboten, den sie täglich zum Einkaufen auf den Markt schickten. Eines Tages kam einer der Junge vom Einkauf zurück und berichtete einem Mönch: „Als ich unterwegs den Jungen vom anderen Kloster traf, fragte ich ihn: Wohin gehst du? Und er sagte, wohin der Wind mich trägt. Darauf wußte ich nichts zu entgegnen." Der Mönch dachte: Das ist nicht gut, wenn einer aus unserem Kloster gegenüber einem aus dem anderen Kloster den kürzeren zieht, selbst wenn es nur ein Dienstbote ist. „Diesem Jungen werden wir es zeigen, morgen fragst du ihn wieder, wohin er geht, und wenn er antwortet, wohin der Wind mich trägt, dann sagst du: und wenn kein Wind weht?" Vor Aufregung konnte der Junge die ganze Nacht nicht schlafen. Immer wieder probte er den bevorstehenden Dialog. Am nächsten Tag fragte er den Jungen: „Wohin gehst du?" Der Junge antwortete: „Wohin mich meine Füße tragen." Als der deprimierte Junge dies später dem Mönch berichtete, wußte der aber Rat: „Wenn er morgen wieder sagt, wohin mich meine Füße tragen, sagst du: und wenn du nun verunglückst, deine Beine verlierst und zum Krüppel wirst, was dann?" Wieder konnte der Junge die ganze Nacht nicht schlafen. Und als er am nächsten Tag den Jungen fragte: „Wohin gehst du?", entgegnete dieser: „Zum Markt, Gemüse kaufen."

Ein Mönch ging zu seinem Zen-Meister und fragte: „Warum sind einige Menschen intelligent und andere dumm? Warum sind einige Menschen schön und andere häßlich? Ich kenne die Erklärung, daß der eine so und der andere so ist aufgrund des Karma vergangener Leben. Aber am Anfang von allem, wie entstand da der Unterschied?“ Der Meister sagte: „Das ist ein großes Geheimnis, warte bis alle anderen gegangen sind, dann werde ich es dir sagen.“ Also saß der Mönch da, begierig auf die Antwort, und wartete, aber Ratsuchende kamen und gingen, bis es schließlich Abend wurde. Als endlich alle fort waren, sagte der Mönch: „Jetzt Meister, bitte enthülle mir das Geheimnis.“ Der Meister sagte: „Komm mit nach draußen“ und führte den Mönch in den Garten. Der Mond war gerade aufgegangen, und der Meister sagte: „Schau, wie klein dieser Baum hier ist und wie groß der dort drüben.“

Zen-Meister Bankei saß inmitten seiner Schüler und unterwies sie. Ein Priester der Shinshu-Sekte, deren Anhänger an Wunder und an die Erlösung mittels magischer Rituale glauben, hatte sich unter die Zuhörerschaft gemischt. Eifersüchtig auf Bankeis große Zuhörerschaft verursachte er eine solche Unruhe, daß Bankei in seiner Rede innehielt und den Mann fragte, ob er etwas zu sagen habe. Der Mann stand auf und verkündete stolz: „Der Gründer meiner Religion kann von einem Flußufer aus mit einem Pinsel seinen Namen auf ein Blatt Papier schreiben, das ein Gehilfe am anderen Flußufer in Händen hält, wobei der Fluß zehn Meter breit ist. Was für Wunder kannst du tun?" Bankei antwortete: „Wenn ich hungrig bin, esse ich, und wenn ich müde bin, schlafe ich."

Eines Tages drang ein Dieb in die Hütte des Zen-Meisters Shichiri Kojun ein. „Geld her oder ich werde dich töten!", drohte er. Kojun erwiderte ruhig: „Mein Geld ist dort drüben in der Schublade. Nimm es dir, aber vielleicht bist du so nett und läßt mir noch ein klein wenig übrig, da ich morgen noch etwas Reis einkaufen möchte." Der Dieb war zwar sehr erstaunt, nahm sich dann aber doch fast das ganze Geld. Als er schon an der Tür war, sagte Kojun: „Wenn man etwas erhalten hat, sollte man sich auch dafür bedanken." „Danke", erwiderte der Dieb kopfschüttelnd und verschwand. Wenig später wurde der Mann bei einem anderen Einbruch verhaftet, und er gestand, unter anderem auch den Zen-Meister bestohlen zu haben, der daraufhin zur Polizeiwache gerufen wurde. „Er hat auch euer Geld gestohlen, nicht wahr?", fragte der Polizist. „Oh nein, er hat mir nichts gestohlen. Ich gab ihm das Geld, und er bedankte sich dafür", sagte Kojun. Als der Mann seine wegen der anderen Vergehen gegen ihn verhängte Strafe verbüßt hatte, kam er zu Zen-Meister Kojun und bat darum, sein Schüler werden zu dürfen.

Ein alter Zen-Meister hielt einen Stock vor den versammelten Mönchen in die Höhe und sagte: „Seht ihr dies hier? Wenn ihr es seht, was seht ihr dann? Würdet ihr sagen, es ist ein Stock? Tut ihr das, so seid ihr ganz gewöhnliche Menschen und habt kein Zen. Wenn ihr aber sagt, wir sehen keinen Stock, dann würde ich entgegnen: Hier halte ich einen in der Hand, wie könnt ihr diese Tatsache leugnen?"

Als Banzan über den Markt ging, hörte er eine Unterhaltung zwischen einem Metzger und seinem Kunden. „Gib mir das beste Stück Fleisch, das du hast", forderte der Kunde. „Jedes Stück in meinem Laden ist das beste", erwiderte der Metzger, „du kannst hier nicht ein einziges Stück Fleisch finden, das nicht das beste ist." Bei diesen Worten wurde Banzan Satori zuteil.

Ein junger Zen-Mönch fragt seinen Meister: „Was kann ich tun, um die Welt zu retten?“ Der Meister antwortet: „So viel, wie du dazu beitragen kannst, daß morgens die Sonne aufgeht.“ „Aber was nützen dann all meine guten Taten und mein ganzes Engagement?“, fragt der Mönch enttäuscht. Darauf erwidert der Meister: „Sie helfen dir, wach zu sein, wenn die Sonne aufgeht.“

Eines Tages diskutierten drei Mönche über die Bewegung einer Fahne im Wind. „Die Fahne bewegt sich.“ „Nein, nicht die Fahne, der Wind bewegt sich.“ „Nein, weder die Fahne, noch der Wind bewegt sich, es ist unser Geist, der sich bewegt.“ Ein Zen-Meister, der gerade zufällig des Weges gekommen war und die Unterredung gehört hatte, sagte: „Ihr irrt. Alles bewegt sich: die Fahne, der Wind und der Geist.“

In einem kleinen Dorf lebte eine alte Frau mit dem Spitznamen „Weinendes Weib“. Sie weinte, wenn es regnete, und sie weinte, wenn die Sonne schien. Als ein Zen-Meister aus dem Nachbardorf von ihr erfuhr, besuchte er sie: „Warum weinst du immerzu, alte Frau?“ „Ich habe zwei Töchter“, berichtete die Frau, „die ältere verkauft Strohschuhe, die jüngere Regenschirme. Bei schönem Wetter muß ich immer an die jüngere denken, deren Schirme dann niemand kauft. Und wenn es regnet, muß ich immer an die ältere denken, bei der dann niemand Strohschuhe kauft.“ „Denk doch daran, daß die Geschäfte für deine ältere Tochter gut gehen bei Sonnenschein und daß sich bei Regen die Schirme deiner jüngeren Tochter gut verkaufen“, riet der Zen-Meister. Und seit diesem Tag weinte das „Weinende Weib“ nicht mehr. Sie lächelte bei Regen, und sie lächelte bei Sonnenschein. Und bald hatte sie den Spitznamen „Lächelndes Weib“.

Ein Mönch beklagte sich bei seinem Zen-Meister, daß jedes Mal, wenn er meditiere, eine riesige Spinne ihn störe. „Was ich auch unternehme, um sie zu verjagen, sie geht einfach nicht weg." Der Meister riet ihm: „Wenn du das nächste Mal meditierst, lege dir zuvor einen Pinsel bereit, und wenn die Spinne kommt, male einen Kreis auf ihren Bauch, damit du später besser herausfinden kannst, wohin sie sich verkrochen hat." Der Mönch führte die Anweisung aus, und als die Spinne erschien, malte er ihr einen Kreis auf den Bauch. Als er sich nach der Meditation von seinem Sitz erhob, sah er zu seiner Überraschung auf seinem Bauch einen großen Kreis.

Ein Samurai hatte an einem Fluß einen Fisch gefangen und wollte ihn sich eben schmackhaft zubereiten, als eine Katze aus dem Gebüsch hervorsprang und ihm seinen Fang stahl. Wütend zog der Samurai sein Schwert, holte mit einem gewaltigen Satz die Katze ein und hieb sie mittendurch. Doch kaum hatte der Samurai den Fisch verspeist, da plagten ihn die ersten Gewissensbisse, weil er als ehrfürchtiger Buddhist ein Lebewesen getötet hatte. Als er sich auf den Heimweg begab, sang der Wind in den Bäumen Miau. Im Geräusch seiner Schritte erklang Miau. Die Leute, die ihm entgegenkamen, schienen ihm Miau zuzurufen. Die Worte seiner Ehefrau waren Miaus. Der Blick seiner Kinder spiegelte Miau, nachts träumte er nur von Miaus. Tagsüber verwandelte sich schließlich jeder Ton, jeder Gedanke, jede Handlung in ein Miau. Schließlich fühlte er sich selbst als sein einziges Miau. Sein Zustand verschlimmerte sich rapide. Unablässig und überall quälten ihn Miaus, so daß er sich zu einen alten Zen-Meister begab, um Hilfe zu erbitten. Der Samurai schilderte seine schreckliche Lage. Der Zen-Meister sagte ernst: „Ihr seid ein Samurai, wie konntet Ihr nur so tief sinken? Wenn Ihr diesen ganzen Miaus nicht selbst Herr werden könnt, verdient Ihr nichts anderes als den Tod. Ihr habt keine andere Wahl, als hier und jetzt Harakiri zu begehen. Als Buddhist fühle ich mit Euch, und wenn Ihr begonnen habt, Euch den Bauch zu öffnen, werde ich Euch mit meinem Schwert den Kopf abschlagen, um Euer Leid zu verkürzen." Der Samurai willigte angesichts der Autorität des Meisters und der Ausweglosigkeit seiner Lage ein. Ungeachtet seiner Angst vor dem Tod ging er auf die Knie, faßte seinen Dolch mit beiden Händen und richtete ihn auf seinen Bauch. Hinter ihm stand der Meister und zückte sein Schwert: „Der Moment ist gekommen, fangt an!“ Der Samurai setzte die Spitze seines Dolchs auf seinen Bauch und war eben im Begriff zuzustoßen, als er die Stimme des Meisters vernahm: „Was ist jetzt mit Euren Miaus? Hört Ihr sie immer noch?“ „Nein“, sagte der Samurai erstaunt, „ich höre nichts. Gar nichts.“ „Nun, wenn es keine Miaus mehr gibt“, sagte der Meister, „dann ist es auch nicht mehr notwendig zu sterben.“

Ein Mönch fragte Zen-Meister Wei-Kuan: „Wo ist die Wahrheit?“ Meister Kuan sagte: „Unmittelbar vor uns.“ Der Mönch fragte: „Weshalb sehe ich sie nicht?“ Meister Kuan antwortete: „Wegen deiner Selbstsucht kannst du sie nicht sehen.“ Der Mönch fragte weiter: „Wenn ich sie wegen meiner Selbstsucht nicht sehen kann, vermögt dann Ihr sie zu sehen?“ Meister Kuan sagte: „Solange es ein Ich und Du gibt, ist kein Schauen der Wahrheit möglich.“ Der Mönch fragte: „Wird sie geschaut, wenn es weder Ich noch Du gibt?“ Meister Kuan sagte: „Wenn es weder Ich noch Du gibt, wer sollte sie dann sehen können?“

Ein reicher Mann bat Zen-Meister Sengai, etwas über das wahre Familienglück aufzuschreiben, auf daß er diese Weisheit von Generation zu Generation weitergeben könne. Sengai nahm ein kleines Blatt Papier und schrieb: „Vater stirbt, Sohn stirbt, Enkel stirbt." Als der Mann diese Worte las, wurde er ärgerlich. „Ich bat dich, etwas über das Glück meiner Familie aufzuzeichnen. Warum machst du dir einen Scherz daraus?" „Ich beabsichtigte keineswegs zu scherzen", erklärte Sengai. „Wenn dein Sohn stirbt, bevor du selbst stirbst, dann würde dich das in tiefe Trauer stürzen. Wenn dein Enkel vor deinem Sohn sterben würde, dann würde das dir und deinem Sohn das Herz brechen. Wenn deine Familie, Generation auf Generation, aus der Welt scheidet, so, wie ich es aufgeschrieben habe, so entspricht dies dem natürliche Lauf des Lebens. Und das nenne ich wahres Glück."

Einst lag Zen-Meister Ma-tsu in der Mittagssonne auf einem Feldweg und streckte alle Viere von sich. Da kam ein Mönch mit einer Schubkarre des Weges und bat ihn, seine Beine einzuziehen, damit er vorbeifahren könne. „Was liegt, soll man liegen lassen“, sagte Ma-tsu. „Und was rollt, soll man rollen lassen“, entgegnete der Mönch und fuhr dem Meister mit der Schubkarre über die Beine. Als am Abend alle in der großen Halle versammelt waren, ergriff Ma-tsu eine Axt und brüllte: „Wer mir heute Mittag über die Beine gefahren ist, soll vortreten!“ Ohne zu zögern, trat der besagte Mönch nach vorn, verbeugte sich und hielt Ma-tsu sein Genick hin. Ma-tsu nickte beifällig und legte die Axt beiseite.

Zen-Meisters Ryokan Daigu führte in einer kleinen Hütte auf einem Berggipfel ein sehr bescheidenes Leben. Eines Abends drang ein Dieb in die Hütte ein, durchwühlte alles, konnte aber beim besten Willen nichts von Wert finden. Als Ryokan zur Tür hereinkam und das überraschte, aber auch enttäuschte Gesicht des Diebes sah, sagte er: „Du hast einen langen und beschwerlichen Weg auf dich genommen, um zu mir hier herauf zu gelangen, und du sollst nicht mit leeren Händen gehen. Nimm als Geschenk meine Kleider." Nachdem der verblüffte Dieb die Kleider genommen hatte und gegangen war, setzte sich Ryokan, nackt wie er war, vor seine Hütte, schaute in den abendlichen Himmel hinauf und sprach zu sich: „Dieser arme Kerl. Schade, daß ich ihm diesen wunderschönen Mond nicht schenken kann."

Ein Zimmermanns-Mönch verlobte sich mit einer jungen und reichen Frau. Da er selbst stets besitzlos gewesen war, beunruhigte ihn die Aussicht auf Geld und Wohlstand, und er berichtete Zen-Meister Suzuki (dem Sohn von Meister Shunryu Suzuki) von diesen Sorgen. „Ob Sie reich oder arm sind, spielt keine Rolle“, erwiderte Meister Suzuki. „Es kommt nur darauf an, ob Sie daran hängen, reich zu sein – oder arm“, lächelte er. Der Mönch nickte unsicher und sagte, er habe verstanden. „Da Sie verstehen“, sagte Suzuki, „können Sie ebensogut auch reich sein.“

Zen-Meister Bokuju hatte einen Schüler namens Wang, der ein hoher Regierungsbeamter war. Eines Tages verspätete sich Wang, und der Meister fragte ihn nach dem Grund. Wang sagte: „Ich habe einem Polospiel zugesehen." Der Meister fragte: „Waren die Spieler müde?" „Ja, Meister." Der Meister fragte weiter: „Waren die Pferde müde?" „Ja, Meister." „Ist auch der hölzerne Pfosten hier müde?" Wang konnte auf diese völlig unerwartete Frage keine Antwort geben. In dieser Nacht konnte Wang nicht schlafen, und gegen Morgen fand er die Antwort. Er eilte zum Meister und sagte, daß er verstanden habe. Der Meister wiederholte die Frage: „Ist auch dieser Holzpfosten müde?" „Ja, Meister", antwortete Wang. Bokuju nickte und lächelte.

Eines Tages ging Chuang-tse mit einem Freund am Ufer eines Flusses spazieren. „Sieh nur, wie vergnügt sich die Fische im Wasser erfreuen“, sagte Chuang-tse. Sein Freund aber entgegnete ihm: „Du bist kein Fisch. Woher weißt du also, daß die Fische sich freuen?“ „Du bist nicht ich“, erwiderte Chuang-tse, „wie willst du wissen, daß ich nicht weiß, daß die Fische sich erfreuen?“ Der Freund entgegnete: „Sicher, ich bin nicht du, doch ich weiß, daß du kein Fisch bist.“ Chuang-tse sagte: „Ich weiß es aus meiner eigenen Freude an Wasser.“

Tee-Meister Rikyu beobachtete seinen Sohn Shoan, wie er den Gartenweg fegte und mit Wasser sprengte. „Nicht in Ordnung", sagte Rikyu streng, als sein Sohn die Arbeit beendet hatte, und gab ihm auf, es noch einmal zu tun. Nach einer Stunde ermüdender Arbeit wandte sich der Sohn an Rikyu und sagte: „Vater, nichts ist mehr zu tun. Die Stufen sind zum dritten Mal gewaschen, die Steinlaternen geputzt, die Bäume gegossen, das Moos mit Wasser besprengt, und alles leuchtet in frischem Grün. Nicht ein Zweig, nicht ein Blatt liegt mehr auf dem Boden." „Junger Narr", schalt der Tee-Meister, „so soll man keinen Gartenweg fegen." Rikyu trat in den Garten hinaus, schüttelte einen Baum und streute so über Gras und Weg goldene und purpurfarbene Blätter.

Ein junger Zen-Mönch hatte den Auftrag, einen wichtigen Brief eigenhändig zu überbringen. Auf seinem Weg hatte er eine Brücke zu überqueren, doch dort stand ein erfahrener Samurai, der den Schwur geleistet hatte, die ersten hundert Männer, die die Brücke überqueren wollten, zum Zweikampf herauszufordern. Er hatte schon neunundneunzig getötet. Der Mönch bat den Samurai, er möge ihn passieren lassen, weil er einen sehr wichtigen Brief zu überbringen habe: „Ich verspreche zurückzukommen, um mit euch zu kämpfen, sobald ich den Brief übergeben habe." Der Samurai zögerte zunächst, willigte dann aber ein, und der Mönch konnte seine Reise fortsetzen. Nachdem er den Brief übergeben hatte, suchte der Mönch, in der Gewißheit, bald sterben zu müssen, seinen Meister auf, um sich von ihm zu verabschieden. „Ich muß mit einem großen Samurai kämpfen, und ich habe noch nie ein Schwert in den Händen gehalten. Er wird mich gewiß töten." „In der Tat", antwortete der Meister, „du wirst sterben, denn du hast keine Chance zu siegen. Also werde ich dich die beste Art zu sterben lehren: Du hebst dein Schwert über den Kopf, hälst die Augen geschlossen und wartest. Wenn du auf deinem Scheitel etwas Kaltes spürst, so ist das der Tod. In diesem Moment läßt du die Arme und alles, was du glaubst zu besitzen, fallen. Das ist alles." Der Mönch verneigte sich vor seinem Meister und begab sich zu der Brücke, wo der Samurai ihn erwartete. Die zwei machten sich zum Kampf bereit. Der Mönch tat genau das, was ihm sein Meister geraten hatte. Er nahm sein Schwert in beide Hände, hob es über den Kopf, schloß die Augen und wartete völlig regungslos. Dies überraschte und verwirrte den Samurai zutiefst, da die Haltung seines Gegners keinerlei Angst widerspiegelte. Mißtrauisch geworden, näherte er sich vorsichtig dem Mönch, der völlig ruhig stand, allein auf seinen Scheitel konzentriert. Der Samurai dachte: Dieser Mann ist offensichtlich außergewöhnlich stark. Er hatte den Mut zurückzukehren und mit mir zu kämpfen. Der Mönch stand immer noch regungslos da. Der Samurai wurde immer ratloser, und plötzlich war er sich sicher: Dieser Mann ist ohne Zweifel ein ganz außergewöhnlicher Krieger. Er nimmt von Anfang an eine Angriffsstellung ein und schließt dann auch noch seine Augen! Der Mönch hatte den Samurai inzwischen völlig vergessen, vollkommen darauf konzentriert, den Rat seines Meisters zu befolgen und würdig zu sterben, stand er von allen weltlichen Dingen losgelöst und befreit da. Der Samurai war inzwischen zu der Gewißheit gelangt, daß er bei der geringsten Bewegung seinerseits zweigeteilt werden würde und begann schließlich, mit weinerlicher Stimme zu sprechen: „Bitte habt Mitleid mit mir und tötet mich nicht. Ich dachte, ein Meister der Schwertkunst zu sein, aber jetzt weiß ich, daß ich heute einen wahren Meister getroffen habe. Bitte nehmt mich als euren Schüler an und lehrt mich den Weg der Schwertkunst."

Ein Mönch fragte einst Zen-Meister Fuketsu: „Das Sprechen verdirbt die Transzendenz der Wirklichkeit, das Schweigen verdirbt die Manifestation der Wirklichkeit. Wie kann man das Sprechen mit dem Schweigen vereinen, ohne die Wirklichkeit zu verderben?“ Der Meister antwortete: „Ich erinnere mich immer wieder an die Frühlingslandschaft, die ich einst in Konan sah. Die Rebhühner riefen laut inmitten duftender Blumen.“

Ein Schüler fragte Zen-Meister Philip Kapleau. „Was kann ein Zen-Lehrer mir geben?“ Kapleau antwortete: „Er kann dir nichts geben, was du nicht schon hast, aber er kann dir vieles nehmen, was deiner wahren Natur fremd ist.“

Wenn Zen-Meister Bankei seine Meditationswochen abhielt, kamen Schüler aus allen Teilen Japans, um an ihnen teilzunehmen. Während eines dieser Treffen wurde ein Schüler beim Stehlen ertappt. Man trug die Sache Bankei vor mit der Bitte, der Täter möge aus der Gruppe entfernt werden. Bankei ignorierte den Vorfall. Etwas später wurde der Schüler wieder bei einem Diebstahl ertappt, und wieder übersah Bankei die Angelegenheit. Dies ärgerte die anderen Schüler, und sie schrieben an Bankei ein Gesuch, in dem sie die sofortige Entfernung des Diebes forderten, andernfalls würden sie alle zusammen das Kloster verlassen. Als Bankei das Gesuch gelesen hatte, rief er alle zu sich. „Ihr seid kluge Männer", sagte er zu ihnen. „Ihr wißt, was recht und was unrecht ist. Wenn ihr wollt, so geht, um anderswo zu studieren, aber dieser arme Bruder kann nicht einmal zwischen Recht und Unrecht unterscheiden. Wer wird ihn unterrichten, wenn ich es nicht tue? Ich werde ihn hierbehalten, selbst wenn ihr anderen alle geht." Als er diese Worte vernahm, läuterte ein Strom von Tränen das Gesicht des Diebes, und jegliches Verlangen zu stehlen war von ihm gegangen.

Bei einem Spaziergang mit einem seiner Schüler deutete ein Zen-Meister auf einen Fuchs, der ein Kaninchen jagte. „Eine alte Fabel sagt, daß das Kaninchen dem Fuchs entkommen wird“, sagte der Meister. „Nein“, antwortete der Schüler bestimmt, „ein Fuchs ist schneller als ein Kaninchen.“ „Trotzdem, das Kaninchen wird entkommen“, beharrte der Meister. „Warum seid Ihr so sicher?“, fragte der Schüler. „Weil der Fuchs um sein Mittagessen läuft, das Kaninchen aber um sein Leben“, antwortete der Meister.

Nachdem Zen-Meister Huang-po seinen Platz in der Halle eingenommen hatte, sagte er zu den versammelten Mönchen: „Ihr seid wie Betrunkene. Ich verstehe gar nicht, wie ihr euch in dieser Verfassung auf den Beinen halten könnt. Jeder muß über euch lachen. Alles ist so einfach. Warum müssen wir einen Tag wie diesen verbringen? Könnt ihr nicht verstehen, daß es im ganzen Land keine Zen-Lehrer gibt?“ Da unterbrach ihn einer der Mönche: „Wie kannst du so etwas sagen? Gerade hier in diesem Augenblick sitzen wir doch dir gegenüber, der du doch ein Lehrer der Mönche bist, um die Lehre des Zen zu ergründen.“ Der Meister erwiderte: „Ich habe nicht gesagt, es gäbe kein Zen, ich habe nur darauf hingewiesen, daß es keine Zen-Lehrer gibt.“

Als Zen-Meister Teng-yin Feng seinen Tod nahen fühlte, sagte er zu den ihn umgebenden Leuten: „Ich habe Mönche gesehen, die im Sitzen und Mönche, die im Liegen gestorben sind. Aber ist schon einmal jemand stehend gestorben?" „Ja, Chih-hsing von Huang-ch'i starb stehend", sagte einer der Anwesenden. „Wie wäre es dann, wenn ich im Kopfstand stürbe?", fragte Teng. Darüber hatte noch niemand etwas gehört, und Teng starb im Kopfstand. Seine Kleider blieben eng an seinen Körper gepreßt haften. Man wollte ihn zur Verbrennungsstätte bringen, aber er blieb starr wie ein Baum auf dem Kopf stehen. Die Menge staunte nicht schlecht. Zufällig war auch seine jüngere Schwester, eine Nonne, zugegen. Sie brummte den Leichnam an: „Als du noch unter den Lebenden weiltest, kümmertest du dich schon nicht um Gesetz und Sitte, und jetzt, da du tot bist, bist du noch immer ein Quälgeist." Dann stieß sie ihren Bruder mit dem Finger an, und er fiel mit einem Bums zu Boden, woraufhin man den Leichnam verbrannte.

Joshu übte unter Zen-Meister Nansen bis zu dessen Tod. Eines Tages fragte Joshu Nansen: „Was ist der Weg?“ Nansen antwortete: „Der alltägliche Geist ist der Weg.“ Joshu fragte: „Soll man nach ihm streben?“ Nansen antwortete: „Wenn du nach ihm strebst, hast du ihn schon verfehlt.“ Joshu fragte weiter: „Wenn man nicht nach ihm strebt, wie kann man dann wissen, ob man auf dem Weg ist?“ Nansen sagte: „Der Weg hat mit ‚Wissen‘ oder ‚Nicht-Wissen‘ nichts zu tun. Wissen ist nur blindes Wahrnehmen. Nicht-Wissen ist Täuschung. Wenn du schließlich, ohne danach zu streben, den Weg erreicht hast, ist er wie der weite Raum des Himmels: klar und leer. Du kannst das weder auf die eine noch auf die andere Art erzwingen. Warum willst du mit Gewalt Richtig und Falsch erzeugen?“ In diesem Augenblick wurde Joshu Satori zuteil.

Eine chinesische Allegorie erzählt, wie ein Mönch sich auf eine lange Pilgerreise begibt, um Buddha zu finden. Viele Jahre ist er auf der Suche, bis er schließlich an einen breiten Fluß kommt, an dessen anderem Ufer das Land liegt, in dem Buddha lebt. Er überquert den Fluß, und während der Bootsmann ihn hinüberrudert, schaut er um sich. Da treibt eine Leiche auf dem Wasser. Sie kommt näher und näher. Die Leiche ist schließlich so nahe, daß der Mönch sie berühren kann. Er betrachtet den Leichnam und erkennt zu seiner Bestürzung, daß es sein eigener ist! Der Mönch verliert die Beherrschung und beginnt zu weinen. Da treibt er, tot. Nichts bleibt zurück. Alles, was er je gewesen ist, je gelernt, je besessen hat, treibt an ihm vorbei, still und leblos, in der trägen braunen Strömung des Flußes. Da erkennt der Mönch, daß er erst jetzt, in diesem Augenblick, den ersten Erkenntnisschritt auf dem Weg zur Befreiung gemacht hat.

Doko, ein buddhistischer Philosoph und Anhänger des Vijñaptimatra (einer Lehrform des absoluten Idealismus), erhob sich aus der Menge der Mönche und fragte den Zen-Meister: „Wie muß mein Ich beschaffen sein, um die Wahrheit zu suchen?“ Der Meister antwortete: „Es gibt kein Ich, also kannst du es nicht in irgendeinen Zustand bringen. Und es gibt keine Wahrheit, die du suchen könntest.“ Doko sagte: „Wenn es weder ein Ich zu erziehen, noch eine Wahrheit zu suchen gibt, warum versammeln sich dann täglich all diese Mönche um dich, um Zen zu studieren?“ Der Meister sah sich um und sagte: „Ich sehe niemanden.“ Doko ließ sich von dieser Antwort nicht beirren und fragte weiter: „Was lehrst du sie?“ Der Meister erwiderte: „Ich habe keine Zunge, wie kann ich da etwas lehren?“ Daraufhin rief Doko erzürnt: „Wie kannst du mir eine solche Lüge ins Gesicht sagen?“ „Wenn ich keine Zunge habe, um andere zu unterweisen, wie wäre es mir möglich, eine Lüge auszusprechen?“ erwiderte der Meister sanft. Worauf Doko verzweifelt ausrief: „Ich kann deiner Rede nicht folgen.“ Der Meister sagte ruhig: „Ich verstehe mich selbst ebensowenig.“

Ein junger Novize, der eben ins Kloster aufgenommen worden war, sagte zu Zen-Meister Joshu: „Ich bin neu im Kloster, bitte zeigt mir den Weg." Joshu fragte: „Hast du schon gefrühstückt?" Der Novize antwortete: „Ja, ich habe mein Frühstück bereits beendet." Joshu sagte: „Dann geh und wasch deine Eßschalen."

Ein Mönch fragt Zen-Meister Joshu: „Ist derjenige, der über gut und schlecht hinaus ist, befreit oder nicht befreit?" Joshu antwortet: „Er ist nicht befreit." Der Mönch fragt nach: „Warum nicht?" Joshu erwidert: „Weil er innerhalb von gut und böse ist."

Als ein Psychiater einen Zen-Meister fragte, wie er mit neurotischen Menschen umgehe, erwiderte dieser: „Ich fange sie!“ „Und wie fangen Sie sie?“, fragte der Psychotherapeut interessiert. „Ich bringe sie an den Punkt“, sagte der Meister, „wo sie keine Fragen mehr stellen können!“

Zen-Meister Tokusan pflegte jedes Mal, wenn er zur Unterweisung in die Halle trat, bedrohlich seinen langen Stock zu schwingen und dabei zu sagen: „Wenn ihr ein Wort äußert, so werde ich euch dreißig Stockschläge geben, und wenn ihr kein Wort äußert, so bekommt ihr ebenfalls dreißig Stockschläge.“

Ein alter Zen-Meister, bei dem nur noch ein Mönch lebte, züchtete Pferde. Eines Tages lief sein wertvollster Hengst davon. Die Nachbarn kamen, um ihr Bedauern auszudrücken, doch der Zen-Meister sagte nur: „Woher wißt ihr, daß dies ein Unglück ist?" Am nächsten Tag kam der Hengst, begleitet von einigen Wildpferden zurück, und die Nachbarn kamen wieder, um zu dem Glücksfall zu gratulieren, doch der Zen-Meister sagte nur: „Woher wißt ihr, daß dies ein Glücksfall ist?" Am nächsten Tag wurde der Mönch beim Versuch, eines der Wildpferde zuzureiten, abgeworfen und brach sich ein Bein. Wieder kamen die Nachbarn, um ihr Mitleid zu bekunden, doch der Zen-Meister sagte nur: „Woher wißt ihr, daß dies ein Unglück ist?" Kurz darauf kam es zu kriegerischen Auseinandersetzungen, doch da der Mönch verletzt war, wurde er nicht als Soldat einberufen. Doch wer weiß schon, ob dies ein Glücksfall ist?

Zen-Meister Mayoku Hotetsu benutzte einen Fächer, als ein Mönch ihn fragte: „Die Wind-Natur ist immerzu allgegenwärtig, so daß es keinen Ort gibt, der nicht durch sie erfüllt wird. Warum benutzt du da einen Fächer?“ Mayoku antwortete: „Was du weißt, ist nur die Theorie, der Wind sei auf der ganzen Welt verbreitet.“ Der Mönch fragte nach: „Was ist denn die wahre Bedeutung der weltweiten Verbreitung des Windes?“ Der Meister lächelte und fuhr fort, sich Wind zu fächeln. Dankbar für diesen Hinweis verneigte sich der Mönch drei Mal.

Ein großer japanischer Zen-Krieger namens Nobunaga entschloß sich, ein feindliches Heer anzugreifen, obwohl er nur über ein Zehntel der Männer verfügte, welche der Gegner befehligte. Er war von einem möglichen Sieg überzeugt, aber seine Soldaten waren im Zweifel. Auf dem Weg zur Schlacht machte er bei einem Shinto-Schrein halt und sagte zu seinen Männern: „Nachdem ich den Schrein besucht habe, werde ich eine Münze werfen. Wenn Kopf kommt, so werden wir gewinnen; kommt Zahl, werden wir verlieren. Wir alle sind in der Hand des Schicksals.“ Nobunaga betrat den Schrein und verrichtete ein stilles Gebet. Dann kam er heraus und warf die Münze. Sie zeigte Kopf. Die Soldaten jubelten und waren so begierig zu kämpfen, daß sie die Schlacht mit Leichtigkeit gewannen. „Niemand kann etwas gegen das Schicksals unternehmen“, sagte nach der Schlacht ein Diener zu Nobunaga. „Gewiß nicht“, sagte Nobunaga und zeigte ihm eine Münze mit einem Kopf auf beiden Seiten.

Eines Tages bat ein Mann den Zen-Meister Ikkyu: „Meister, wollt Ihr mir bitte einige Grundregeln der höchsten Weisheit aufschreiben?“ Ikkyu ergriff sofort ein Stück Papier und einen Pinsel und schrieb: „Aufmerksamkeit.“ „Ist das alles?“ fragte der Mann. „Wollt Ihr nicht noch etwas hinzufügen?“ Ikkyu schrieb daraufhin zweimal hintereinander: „Aufmerksamkeit. Aufmerksamkeit.“ „Nun“, meinte der Mann gereizt, „ich kann wirklich nicht viel Geistreiches in dem, was Ihr geschrieben habt, erkennen.“ Daraufhin schrieb Ikkyu dreimal hintereinander: „Aufmerksamkeit. Aufmerksamkeit. Aufmerksamkeit.“ Verärgert begehrte der Mann zu wissen: „Was bedeutet dieses Wort ‚Aufmerksamkeit‘ überhaupt?“ Ikkyu antwortete sanft: „Aufmerksamkeit bedeutet Aufmerksamkeit.“

Ein Mann versprach seiner Frau, die im Sterben lag, ewige Treue auch über ihren Tod hinaus. „Wenn nicht, werde ich als Geist wiederkehren und dir keine Ruhe lassen", waren die letzten Worte der Frau. Doch kaum war die Frau ein halbes Jahr tot, verliebte sich der Mann in ein junges Mädchen und ging die Verlobung mit ihr ein. Und in der Tat, ab diesem Zeitpunkt hatte er keine Ruhe mehr. Jede Nacht erschien ihm der Geist seiner Frau und raubte ihm mit schweren Vorwürfen den Schlaf. In seiner Verzweiflung wandte sich der Mann um Rat an einen Zen-Meister. Er schilderte dem Meister seine auswegslose Situation: „Und was besonders schlimm ist, der Geist meiner Frau weiß einfach alles. Es ist mir unmöglich, ihn zu hintergehen." „Deine ehemalige Frau ist also ein Geist geworden und läßt dir keine Ruhe mehr", stellte der Meister fest. „Und noch dazu ein sehr kluger Geist, der alles weiß. Das nächste Mal, wenn er dir erscheint, dann schließe mit ihm eine Wette ab: Der Geist muß dich für immer in Ruhe lassen, wenn es dir gelingt, ihm eine Frage zu stellen, die er nicht beantworten kann. Sollte dir das nicht gelingen, würdest du dein Verlöbnis lösen und für immer allein bleiben." „Was ist das für eine Frage, die er nicht beantworten kann", fragte der Mann neugierig. Der Zen-Meister sagte: „Heute abend füllst du eine deiner Hosentaschen mit Sojabohnen. Wenn der Geist in der Nacht erscheint, greifst du in die Tasche, nimmst eine Handvoll davon heraus und fragst den Geist, wieviel Bohnen du in der geschlossenen Hand hältst." Der Mann bedankte sich für den Rat, und als in der Nacht der Geist erschien, ging dieser auf die Wette ein. Doch als der Mann den Geist fragte, wieviel Bohnen er in der geschlossenen Hand halte, da gab es plötzlich keinen Geist mehr, der die Frage hätte beantworten können.

Aus der großen Schar seiner Schüler meldet sich ein junger Mann zu Wort: „Meister, bitte erkläre uns, was du unter dieser ‚höheren Logik' verstehst, von der du immer wieder sprichst und von der du wiederholt erklärt hast, sie zu verstehen sei unverzichtbar, wolle man auf dem spirituellen Weg Fortschritte erzielen." Der Meister lächelte. „Gut, ich will es euch an einem konkreten Beispiel erklären: Zwei Männer fallen durch einen schmutzigen Kamin. Der eine bleibt sauber, der andere wird voller Ruß. Welcher von beiden wird sich waschen?" „Selbstverständlich der, der voller Ruß ist", antwortet der Schüler. „Eben nicht!", erklärt der Meister. „Der Saubere wäscht sich. Er sieht nämlich, daß der andere voller Ruß ist und glaubt deswegen, er sei es auch. Der Rußige dagegen hält sich für sauber, weil er sieht, daß der andere sauber ist. Also gut: Sie fallen ein zweites Mal durch den Kamin. Welcher wird sich waschen?" „Der Saubere!", antwortet der Schüler. „Eben nicht!", erwidert der Meister. „Der Rußige wäscht sich. Er hat nämlich inzwischen begriffen, warum der Saubere sich gewaschen hat; der wiederum hat beim Waschen bemerkt, daß er sauber war. Also gut, sie fallen zum dritten Mal durch den Kamin. Welcher wird sich waschen?" „Von jetzt ab immer der Rußige", verkündet der Schüler stolz. „Eben nicht!", entgegnet der Meister. „Hat man denn jemals gehört, daß von zweien, die durch denselben rußigen Kamin fallen, einer schmutzig wird und der andere nicht? Seht ihr, das alles zu durchschauen ist höhere Logik!"

Nachdem er die Geschichte gehört hatte, daß ein Novize, ausgerechnet durch einen Beinbruch – der Zen-Meister hatte abrupt das Klostertor zugeschlagen – zu Satori gelangt war, hackte sich ein ebenso ungeduldiger wie übereifriger Novize, um der Erleuchtung näher zu kommen, an jeder Hand zwei Finger ab. Nicht ohne Stolz auf sein Opfer erschien er beim Meister und fragte ihn, wie er der Erleuchtung noch näher kommen könnte. Der Meister sagte: „Am schnellsten kommst du dahin, wenn du dir umgehend den Kopf abhackst."

Als eine der Lieblingsgeschichten des großen Japanologen Wilhelm Gundert gilt die folgende: Ein japanischer Klostervorsteher sieht in der Teeküche seine Frau weinen. „Warum bist du so traurig?" fragt er sie besorgt. „Weil alle Dinge so vergänglich sind", erwiderte die Frau. „Da mußt du noch härter werden", belehrt der Zen-Meister sie, „und dich daran gewöhnen, daß alles auf dieser Welt seinen vergänglichen Gang geht." Da zieht die Frau plötzlich aus ihrem Kimono-Ärmel eine Hand voll Porzellanscherben hervor, hält sie ihrem Mann unter die Nase und sagt: „Deine Lieblings-Teeschale ist eben ins Vergängliche gegangen ..."

Als Zen-Meister Le-t‘an Huaiteng den Mönch Ling-t’ao fragte, warum Bodhidharma aus dem Westen kam (d. h. was die letzte Wahrheit ist), da mußte Ling-t’ao bekennen, es nicht zu wissen. T’an fragte: „Was warst du, ehe du ein Mönch wurdest?“ „Ich war ein gewöhnlicher Kuhhirt“, erwiderte T’ao. „Wie paßtest du auf das Vieh auf?“ fragte T’an weiter. „Ich zog frühmorgens mit ihm aus und kehrte heim, wenn es dunkel wurde“, sagte T’ao. „Prächtig ist deine Unwissenheit“, bemerkte der Meister. Bei dieser Bemerkung wurde Ling-t’ao Satori zuteil.

Zen-Meister Tsau-dschan fragte einen erfahrenen Mönch an einem fast unertäglich heißen Hochsommertag: „Wohin willst du bei dieser Hitze gehen, um ihr auszuweichen?“ Worauf der Mönch antwortete: „Da weiche ich ins Kohlenfeuer unter dem kochenden Wasserkessel aus.“ Tsau-dschan fragte weiter: „Und wie willst du ausgerechnet im Kohlenfeuer unter dem kochenden Wasserkessel der Hitze ausweichen?“ Da erwiderte der Mönch: „Dorthin kann von allen Leiden keines hinkommen!“

Ein Mönch stellte Zen-Meister Joshu die Frage: „Aus welchem Grund kam Bodhidharma aus dem Westen?" Joshu antwortete: „Die Zypresse im Hof." „Versucht ihr nicht", sagte der Mönch, „es mittels eines gegenständlichen Sinnbilds anschaulich zu machen?" „Keinesfalls!", gab der Meister scharf zurück. „Aus welchem Grunde kam also Bodhidharma aus dem Westen?", fragte der Mönch noch einmal. Joshu antwortete: „Die Zypresse im Hof."

Ein Mönch fragte Zen-Meister Tosu: „Was ist der Buddha?" Tosu antwortete: „Der Buddha." Der Mönch fragte weiter: „Was ist Tao?" Tosu sagte: „Tao." Der Mönch fragte: „Was ist Zen?" Tosu antwortete: „Zen."

Zen-Meister Joshu wurde einmal von einem seiner Schüler namens Sai, einem hohen Hofbeamten, gefragt: „Ist es möglich, daß ein spiritueller Meister wie Ihr in die Hölle kommt?" Joshu sagte: „Ich werde einer der ersten sein, die dorthin kommen." „Wie kann ein Heiliger wie Ihr in die Hölle kommen?", fragte Sai irritiert. „Wenn ich nicht dorthin käme, würde es mir unmöglich sein, Euch dort willkommen zu heißen!" lachte Joshu.

Ein Mönch fragte Zen-Meister Ma-tsu: „Was dachte sich Bodhidharma, als er aus dem Westen hierher kam?" Ma-tsu fragte den Mönch: „Was denkst du dir in diesem Augenblick?"

Zen-Meister Myocho verbarg sich vor der Gesellschaft und lebte unter Bettlern, um seinen Zen-Geist zu vertiefen. Als der Kaiser hörte, daß Myocho ein hervorragender Zen-Meister sei, ließ er nach ihm suchen, denn er wollte Myocho bitten, sein Lehrer zu werden. Da man wußte, daß Myocho gern Moschusmelonen aß, wurde bekannt gegeben, daß jeder Bettler eine Melone erhalten sollte. Man türmte eine Menge Moschusmelonen an einem bei den Bettlern beliebten Versammlungsort am Flußufer auf, und jedes Mal, wenn ein Bettler vorbei kam, sagte der Beamte des Kaisers zu ihm: „Nimm eine Melone, ohne deine Hand zu benutzen." Die Bettler waren sehr verwundert über diese Worte, erhielten aber jeder doch eine Melone. Endlich kam ein „besonders" unauffällig aussehender Bettler daher, und der Beamte sagte: „Nimm eine Melone, ohne deine Hand zu benutzen." Der Bettler erwiderte: „Gib mir eine Melone, ohne deine Hand zu benutzen." Da erkannte man Myocho und bat ihn, an den Hof des Kaisers zu kommen, um sein Lehrer zu sein.

Immer, wenn Zen-Meister Gutei etwas über Zen gefragt wurde, hob er einen Finger, ohne weiter etwas zu sagen. Er hatte einmal einen jungen Schüler, den ein Besucher fragte: „Was für ein Zen lehrt dein Meister?“ Da hob auch der Novize einen Finger. Als Gutei das hörte, rief er nach dem Jungen und schnitt ihm mit einem Messer den Finger ab. Als der Novize vor Schmerz laut schreiend weglaufen wollte, rief ihn Gutei beim Namen. Der Junge wandte daraufhin den Kopf, und Gutei hob seinen Finger. Da widerfuhr dem Novize Satori. Als Gutei im Sterben lag, sagte er zu den versammelten Mönchen: „Ich erlangte das Zen des ‚Einen Fingers‘ von Meister Tenryu. Ich habe es mein ganzes Leben lang angewandt, konnte es aber nicht ausschöpfen.“ Nachdem er dies gesagt hatte, hob er einen Finger und verschied.

Einmal stritten sich die Mönche des Ostflügels mit den Mönchen des Westflügels um eine Katze, die ein Mönch im Garten gefunden hatte. Zen-Meister Nansen hörte sich den Streit kurz an, dann hob er die Katze hoch und sagte: „Mönche, wenn einer von euch jetzt das richtige Wort sagt, dann will ich die Katze verschonen. Wenn nicht, werde ich das Tier töten!“ Kein Mönch vermochte etwas zu sagen. Da tötete Nansen die Katze. Als Joshu gegen Abend zurückkehrte, erzählte ihm Nansen den Vorfall und fragte ihn, was er gesagt hätte, wenn er zugegen gewesen wäre. Da zog Joshu eine Sandale aus, legte sie sich auf den Kopf und schickte sich an, den Raum zu verlassen. Nansen sagte: „Wenn du hier gewesen wärst, wäre die Katze gerettet worden!“

Ein Zen-Einsiedler saß am Ufer eines Flusses, als er von einem jungen Mann beim Zazen gestört wurde. Der junge Mann kniete nieder und sagte: „Meister, ich will euer Schüler werden." „Weshalb?", fragte der Meister. „Weil ich Befreiung finden will." Da sprang der Meister plötzlich auf, packte den jungen Mann am Genick, zerrte ihn zum Fluß und hielt seinen Kopf unter Wasser. Der junge Mann zappelte, doch der Meister ließ nicht locker. Nach einer Weile ließ er den jungen Mann endlich los. Der Mann spie Wasser aus, das er geschluckt hatte, und rang nach Luft. Minuten später hatte er sich beruhigt. „Was wolltest du am meisten, als ich deinen Kopf unter Wasser hielt?" fragte der Meister. „Luft", sagte der junge Mann. „Gut", sagte der Meister. „Geh dorthin zurück, wo du hergekommen bist, und komm dann wieder zu mir, wenn du die Befreiung genau so sehr willst, wie du eben Luft wolltest."

Ein Holzfäller hatte von einem sagenhaften Tier namens Satori gehört und hätte es sehr gerne besessen. Eines Tages, als er im Wald bei der Arbeit war, kam das Tier Satori ihn besuchen. Der Holzfäller ging auf es zu und war nicht wenig erstaunt, als das Tier zu ihm sprach: „Du wirst mich nicht bekommen, so lange du mich haben willst." Da ging der Holzfäller wieder zurück an seine Arbeit, und bald hatte er das Tier Satori vollständig vergessen. Er dachte an nichts anderes, außer an seine Holzscheite. Da kam das Tier von selbst zu ihm und wurde durch einen Baum, den er gerade fällte, erschlagen …

Da-an kam zu Zen-Meister Bai-dschang und sagte: „Seit langer Zeit suche ich den Buddha, kann ihn aber nirgends finden. Wo soll ich suchen?" Der Meister entgegnete: „Wo soll man den Ochsen suchen, auf dem man sitzt?" Da-an fragte weiter: „Was soll ich tun, wenn ich ihn gefunden habe?" Bai-dschang sagte: „Heimreiten sollst du auf deinem Ochsen!" Noch einmal fragte Da-an: „Muß ich sonst noch etwas beachten?" Der Meister sagte: „Aufpassen mußt du, so wie ein Hirte auf seinen Ochsen aufpaßt: Er schlägt ihn gelegentlich mit dem Stock, damit er nicht auf eine fremde Weide gerät."

Als Ninakawa im Sterben lag, besuchte ihn Zen-Meister Ikkyu. „Soll ich dich führen?“, fragte Ikkyu. Ninakawa antwortete: „Ich bin allein hergekommen, und ich gehe allein. Wie könntest du mir eine Hilfe sein?“ Ikkyu sagte: „Wenn du glaubst, daß du wirklich kommst und gehst, ist das eine Illusion. Laß mich dir den Weg zeigen, auf dem es kein Kommen und kein Gehen gibt.“ Mit diesen Worten hatte Ikkyu den Weg so klar gezeigt, daß Ninakawa lächelnd hinüberging.

Zum Abschluß eines Sesshin (einiger Tage intensiven Zazens) saßen alle in stiller Meditation. Räucherstäbchen verbreiteten einen sakralen Duft, die geistige Konzentration wuchs spürbar an. Da entfuhr dem Zen-Meister eine Flatulenz. Für einige Momente war eine gewisse Unruhe fast mit Händen greifbar. Hinterher befragt, ob ihm sein Mißgeschick peinlich gewesen sei, antwortete der Meister: „Es war kein Mißgeschick, sondern Absicht. Für einen Moment hing das Gleichgewicht der Welt ganz deutlich von mir ab."

Ein junger Mann suchte einen Zen-Meister auf: „Meister, wie lange wird es dauern, bis ich Befreiung erlangt habe?“ „Vielleicht zehn Jahre“, entgegnete der Meister. „Und wenn ich mich besonders anstrenge, wie lange dauert es dann?“, fragte der Schüler. „In dem Fall kann es zwanzig Jahre dauern“, erwiderte der Meister. „Ich nehme aber wirklich jede Härte auf mich. Ich will so schnell wie möglich ans Ziel gelangen“, beteuerte der Mann. „Dann“, erwiderte der Meister, „kann es bis zu vierzig Jahren dauern.“

Als sich der Tod von Zen-Meister Taji abzeichnete, versammelten sich seine engsten Schüler um sein Totenbett. Einer von ihnen, der sich daran erinnert hatte, daß der Meister immer sehr gern eine bestimmte Sorte Kekse aß, hatte einen halben Tag damit zugebracht, Konditoreien in Tokyo aufzusuchen, um diese Kekse zu finden, die er jetzt stolz seinem Meister darbot. Mit einem müden Lächeln nahm Taji einen Keks und begann ihn langsam zu kauen. Als der Meister sichtlich noch schwächer wurde, fragte ihn einer seiner Schüler, ob er noch eine letzte Botschaft für sie habe. Der Meister bejahte. Begierig, ja kein Wort zu verpassen, beugten sich die Schüler nach vorn: „Bitte sprich ein letztes Mal zu uns!“ Meister Taji sagte mit schwacher Stimme: „Diese Kekse sind einfach wundervoll“, und verschied.

Eines Tages sah Zen-Meister Deshimaru seinen Lehrer Kodo Sawaki auf seinem Zimmer Reis-Schnaps trinken. „Über dem Haupttor zum Tempel steht geschrieben“, sagte Deshimaru streng, „daß kein Alkohol dieses Tor passieren darf.“ „Ich bringe ihn nicht durch das Haupttor“, antwortete Sawaki lächelnd, „ich bringe ihn durch den Hintereingang.“

Ein Schüler betritt das Zimmer seines Zen-Meisters, und dieser erkennt sofort, daß der Schüler Satori erlangt hat. Der Meister unterzieht ihn einer letzten Prüfung. Nachdem der Schüler sich vor ihm niedergekniet hat, sagt der Meister freundlich: „So, dann hast du es also!“ Und der Schüler antwortet: „Ja, Meister, ich hab‘s“ „Nichts hast du mehr!“ brüllt der Meister ihn an, „scher dich hinaus!“

Ein Zen-Meister trägt sechs seiner Schüler auf, einen Tag in absolutem Stillschweigen zu verbringen. Kaum sind die Mönche unter sich, sagt der erste: „Ich werde nicht sprechen." Darauf fährt der zweite den ersten an: „Wir sollten doch kein Wort sagen!" „Wie unbeherrscht ihr seid", sagt der dritte, „warum habt ihr gesprochen?" „Es ist gar nicht so einfach, eine Zeitlang nichts zu sagen", bemerkt da der vierte. „Ich habe als einziger nicht gesprochen", stellt der fünfte zufrieden fest. Der sechste schüttelt den Kopf und murmelt: „Unglaublich."

Zen-Meister Hogen lebte allein in einem kleinen Tempel auf dem Lande. Eines Tages erschienen zwei Wandermönche und fragten, ob sie im Hof ein Feuer machen dürften, um sich zu wärmen und auszuruhen. Meister Hogen willigte ein. Als die Mönche sich an das Feuer gesetzt hatten, hörte Meister Hogen, wie sie miteinander über Subjektivität und Objektivität diskutierten. Er trat zu ihnen und sagte: „Dort drüben liegt ein großer Stein. Was meint ihr, befindet er sich außerhalb oder innerhalb eures Geistes?" Einer der Mönche antwortete: „Vom buddhistischen Standpunkt aus gesehen, ist alles eine Objektivierung des Geistes, also würde ich sagen, daß der Stein innerhalb meines Geistes ist." Hogen lachte: „Dein Kopf muß sich aber sehr schwer anfühlen, wenn du diesen Stein da in deinem Geist herumschleppst." Da meldete sich der andere Mönch zu Wort: „Laß dich nicht hereinlegen", sagte er zu seinem Freund. „Der Geist, Buddha, alle Lebewesen und Dinge existieren letzlich gar nicht. Ob großer Stein oder kleiner Stein, die wahre Natur der Erscheinungen ist Leere. In Wahrheit existiert nichts. Nicht einmal der kleinste Kieselstein." Da bückte sich Meister Hogen, hob einen kleinen Kieselstein auf und warf ihn dem Mönch an den Kopf. „Au", entfuhr es ihm. Und Meister Hogen erklärte lachend: „Dieser kleine Kieselstein existiert aber offensichtlich doch."

Der Zen-Meister war verreist, und ein junger Novize mußte ihn vertreten. Des Nachts klopfte ein Wandermönch an das Tempelportal. Der Novize öffnete, grüßte freundlich und sagte zu dem Mönch, der begehrte, die Nacht über zu bleiben: „Zeige mir dein Gesicht, bevor deine Eltern geboren wurden!“ Der Mönch zog eine Sandale von seinem Fuß und schlug dem Novizen damit ins Gesicht. Der Novize lächelte mühsam und hieß den Gast willkommen. Nachdem sie ein einfaches Mal gegessen hatten, fragte der ebenfalls noch sehr junge Mönch den Novizen: „Kanntest du die Antwort des Koan, das du an mich richtetest?“ „Nein“, mußte der Novize bekennen, „aber ich erkannte sofort, daß deine Antwort richtig war. Deine Antwort kam spontan und stimmte mit dem überein, was ich bisher über Zen alles gelesen habe.“ Der Mönch schwieg und nippte an seinem Tee. Aber er hatte etwas im Gesicht, das den Novizen argwöhnisch werden ließ. „Das war doch die richtige Lösung?“, erkundigte er sich. Da fing der Mönch an zu lachen und sagte: „Ach weißt du, auch ich habe viel über Zen gelesen.“

Der alte Zen-Meister erkrankte sehr schwer, und seine Schüler waren überzeugt, daß er sterben würde. Traurig und totenbleich saßen sie um sein Bett. Der Meister schien vergnügt und guter Dinge. Schließlich fragte ihn einer der Schüler: „Meister, wie ist es dir möglich, dem Tod mit solcher Gelassenheit entgegenzusehen?“ Der Meister lächelte: „Das ist doch offensichtlich. Wenn ich euch hier so sehe, da kann ich sicher sein, falls der Tod wirklich kommen sollte, so wird er versehentlich einen von euch todesbleichen Burschen mitnehmen und mich noch ein Weilchen hierlassen.“

Ein Mann wandt sich in seiner Verzweiflung an einen Zen-Meister um Rat. „Ich habe einem Freund dreißig Goldstücke geliehen, doch jetzt will er nichts mehr davon wissen. Da ich keine Zeugen habe, habe ich vor Gericht keine Chance.“ Der Meister riet: „Lade deinen Freund ins Teehaus ein, und dann erwähne vor den dort Anwesenden, daß du von ihm die hundert Goldstücke, die du ihm geliehen hast, zurück möchtest.“ „Aber es waren doch nur dreißig“, rief da der Mann aus. „Eben das“, erklärte der Meister, „wird dein Freund auch ausrufen. Du wolltest doch Zeugen.“

Ein junger Mann begab sich in ein Zen-Kloster und erklärte dem Meister: „Ich suche Befreiung, doch ich habe nicht die Kraft und die Ausdauer, irgendetwas lange durchzuhalten. Niemals könnte ich Jahre der Meditation und strenger Zucht ertragen. Gibt es auch für Menschen wie mich einen Weg zur Erleuchtung?" „Es gibt einen", sagte der Meister. „Worauf hast du dich in deinem bisherigen Leben am meisten konzentriert?" Der junge Mann dachte nach. „Eigentlich gibt es nur eine Sache, die mich wirklich interessiert hat: das Schachspiel. Damit verbachte ich die meiste Zeit." „Gut", sagte der Meister und ließ nach einem alten erfahrenen Mönch rufen, der ein guter Schachspieler war. Der Mönch kam mit einem Schachspiel unter dem Arm, und der Meister hieß ihn, die Figuren aufzustellen. Dann sagte er mit seiner ganzen Autorität und indem er ein Schwert zog: „Ihr werdet jetzt eine Partie Schach spielen. Dem Verlierer werde ich den Kopf abschlagen." Die Männer spürten, daß es dem Meister ernst war, und sie begannen das Spiel. Der junge Mann bemerkte, wie ihm Schweiß auf die Stirn trat und wie das Schachbett, das vor ihm stand, zur ganzen Welt wurde. Er war völlig konzentriert auf jeden Zug. Zu Beginn schien es schlecht um ihn bestellt, doch dann machte sein Gegner einen überhasteten Zug, und er begann die Verteidigungsformation des Mönches systematisch zu zerstören. Als er eine Figur des Mönches nach der anderen schlug, da sah er verstohlen in dessen Gesicht. Es war das Gesicht eines aufrichtigen Mannes, geläutert durch Jahre der Meditation und des Strebens nach Befreiung. Da kam ihm sein eigenes, wertloses Leben in den Sinn, und eine Welle von Mitgefühl erfaßte sein Herz. Absichtlich beging er einen Fehler, dann noch einen. Da beugte sich plötzlich der Meister nach vorn und stieß das Brett mitsamt den Figuren zu Boden und sagte zu dem Jungen gerichtet: „Es gibt niemals einen Gewinner und einen Verlierer. Zwei Dinge sind erforderlich auf dem Weg zur Befreiung: Konzentration und Mitgefühl. Heute hast du beides gelernt. Du warst vollständig konzentriert und hast doch auch Mitgefühl empfunden. Bleibe hier und schule deinen Geist in dieser Haltung, und auch du wirst Befreiung erlangen."

Ein ungestümer junger Novize bedrängte den Zen-Meister auf ungebührende Art und Weise: „Meister, verratet mir doch das Geheimnis des Lebens!" „Kannst du denn ein Geheimnis für dich behalten?", fragte der Meister. „Aber selbstverständlich kann ich das", versicherte der Novize erwartungsvoll. Der Meister, der sich anschickte, den Raum zu verlassen, sagte: „Ich auch."

Chen-lang fragte Zen-Meister Shi-tou: „Warum kam Bodhidharma aus dem Westen?" Shi-tou antwortete: „Frage den Pfosten da drüben." Chen-lang erwiderte: „Ich verstehe nicht." Shi-tou sagte: „Ich auch nicht."

Einst saß Zen-Meister Yakusan in tiefer Meditation, als ein Mönch auf ihn zutrat und fragte: „Fest sitzend wie ein Fels, was denkst du?" Der Meister antwortete: „Ich denke an etwas, das völlig undenkbar ist." Der Mönch fragte weiter: „Wie kannst du an etwas denken, das völlig undenkbar ist?" Yakusan antwortete: „Mittels eines nicht-denkenden Denkens."

Ein Schüler kam zu Zen-Meister Bodhidharma und sagte: „Meister, du hast mir aufgetragen, leer zu werden. Jetzt bin ich leer. Was hast du mir jetzt noch zu sagen?" Bodhidharma ergriff einen Stock, schlug den Schüler damit auf den Kopf und sagte: „Jetzt wirf diese Leere weg!"

Als das Ende des alten Zen-Meisters nahte, bemerkte er, daß seine Schüler ein prachtvolles Begräbnis für ihn planten. Er rief sie zu sich, erklärte ihnen, daß er nicht wolle, daß sie ihre Zeit mit derartigem Unsinn verschwendeten, und äußerte den Wunsch, daß man ihn unbeerdigt ließe. „Legt mich irgendwo an einen Waldrand und stellt keinen Grabstein auf, die Blumen und Gräser sind Grabstein genug. Die ganze Schöpfung soll an meinem Begräbnis teilnehmen. Ich möchte höchst unauffällig vermodern." Die Schüler protestierten: „Wenn wir dich nicht beerdigen, werden dich die wilden Tiere des Waldes fressen!" Der Meister gab ihnen recht, wenn man ihn unbeerdigt ließe, würde er zweifellos von den Tieren des Waldes gefressen. „Aber", führte er weiter aus, „wenn ihr mich in der Erde begrabt, werde ich sicherlich von Würmern gefressen. Warum ergreift ihr Partei für die Würmer?"

Der Zen-Meister wurde von einer Gruppe junger Männer aufgesucht, die seine Schüler werden wollten. Er wies ihnen Sitzplätze an und sagte zu ihnen, sie sollen aufmerksam sein, was geschehen würde. Wenige Zeit später kam ein Freund des Meisters, überreichte ihm ein kostbares Stück Tuch und erhielt vom Meister als Dank einen Fisch. Nachdem der Besucher gegangen war, fragte der Meister die Anwesenden nach der Bedeutung dieses Ereignisses. Geduldig hörte er sich ihre klugen und weniger klugen Interpretationen des Geschehnisses an, nickte bisweilen anerkennend mit dem Kopf, murmelte lobende Worte und schien mit den Deutungen zufrieden zu sein. Dann erhob er sich und sagte mit scharfer Stimme: „Und wer von euch hat in der Begebenheit keinen Sinn erkennen können?“ Zaghaft hob ein einziger junger Mann, der nichts gesagt hatte, die Hand. Der Meister sagte: „Du wirst mein Schüler, die anderen können gehen.“

Zen-Meister Bokaju wurde einst von einem Mönch gefragt: „Wir müssen uns jeden Tag anziehen und essen; wie können wir von all dem loskommen?" Bokaju antwortete: „Wir ziehen uns an; wir essen." Der Mönch sagte: „Das verstehe ich nicht." Da sagte Bokaju: „Wenn du es nicht verstehst, zieh deine Kleider an, und iß deine Mahlzeiten."

Zwei Zen-Meister sitzen beisammen und trinken Tee. Unvermittelt sagt einer der beiden: „Das All ist in einer Tasse Tee restlos gegenwärtig." Da stößt der andere die Tasse seines Gegenübers um, verschüttet somit den Tee, und fragt: „Wo ist jetzt das All?" Worauf der andere sagt: „Schade um den guten Tee." Daraufhin lachen beide.

Der Jesuitenpater William Johnston berichtet, daß er, als er sich in einem japanischen Zen-Kloster aufhielt, vom Meister gefragt wurde, nach welcher Methode er meditiere. Johnston antwortete, daß er still, ohne Worte, Gedanken, Bilder oder Ideen, in der Gegenwart Gottes sitze. Der Meister fragte, ob sein Gott überall sei, und als Johnston bejahte, fragte der Meister ihn, ob er „ganz in Gott eingehüllt" sei. Johnston bejahte. „Und das erleben Sie?", fragte der Meister. Johnston bejahte. „Sehr gut, sehr gut", sagte der Meister, „machen Sie so weiter. Mit der Zeit werden Sie feststellen, daß Gott verschwindet und nur noch Johnston übrig bleibt." Johnston war von dieser Bemerkung schockiert, weil sie ihm wie eine Leugnung all dessen klang, was ihm heilig war. Daher widersprach er dem Meister und sagte: „Gott wird nicht verschwinden. Aber vielleicht Johnston, und dann ist nur noch Gott übrig." „Ja, ja", erwiderte der Meister lächelnd. „Das ist dasselbe. So meine ich es."

Ein Mönch, der sich selbst „Meister des Schweigens" nannte, war in Wirklichkeit ein Betrüger, der kein echtes Zen-Verständnis besaß. Um sein Pseudo-Zen zu verkaufen, begleiteten ihn stets zwei wortgewandte Mönche, die die an ihn gerichteten Fragen beantworteten; er selbst äußerte niemals ein Wort, um so sein unergründliches Zen-Wissen zu demonstrieren. Eines Tages, als er ausnahmsweise einmal allein war, fragte ihn ein vorbeikommender Wandermönch: „Meister, was ist der Buddha?" Nicht wissend, was er tun oder antworten sollte, blickte der Befragte in seiner Verwirrung verzweifelt nach allen Richtungen – nach Ost und West, Nord und Süd –, um zu sehen, ob nicht die zwei Mönche, die sonst für ihn zu sprechen pflegten, zurückkämen. Der Wandermönch schien mit dieser „Antwort" zufrieden und fragte weiter: „Was ist der Dharma (die von Buddha dargelegte Wahrheit)?" Der Befragte konnte auch darauf keine Antwort geben, so blickte er zuerst zur Decke empor und dann auf den Fußboden nieder, Himmel und Hölle um Hilfe anflehend. Darauf stellte der Mönch eine dritte Frage: „Was ist der Sangha (die gemäß dieser Wahrheit lebenden Anhänger)?" Nun wußte der Meister des Schweigens nichts anderes mehr zu tun, als seine Augen zu schließen. Zuletzt fragte der Mönch: „Was ist ein Segen?" Voll Verzweiflung breitete der falsche Meister seine Hände aus als Zeichen, daß er sich ergebe. Der Mönch schien von diesem Gespräch tief beeindruckt, bedankte sich förmlich und setzte seine Reise fort. Kurze Zeit später begegnete er den zwei Gehilfen des Meisters des Schweigens und berichtete ihnen begeistert, was für ein erleuchtetes Wesen dieser Meister sei. „Ich fragte ihn, was Buddha wäre. Er wandte unmittelbar darauf sein Gesicht nach Osten und dann nach

Westen, womit er sagte, daß die Menschen immer nach Buddha Ausschau halten, hier und dort, dann hielt der Meister kurz inne und schaute nach Nord und Süd, um zu demonstrieren, daß Buddha aber weder im Osten noch im Westen noch in irgendeiner Himmelsrichtung gefunden werden kann. Dann fragte ich ihn, was der Dharma sei. Als Antwort blickte er nach oben und dann nach unten, was bedeutete, daß die Wahrheit des Dharma ein Ganzes ist und keinen Unterschied zwischen hoch und niedrig, rein und unrein kennt. Als Antwort auf meine Frage, was der Sangha wäre, schloß er die Augen. Das war ein Hinweis auf den berühmten buddhistischen Satz: ‚Wenn einer seine Augen schließen und in den Tiefen der von Wolken verhüllten Berge fest schlafen kann, dann ist er ein großer Mönch.' Als Antwort auf meine letzte Frage, was der Segen sei, streckte er seine Arme aus und zeigte seine beiden Hände. Das bedeutete, daß seine helfenden Hände alle Lebewesen mit seinen Segnungen lenken und führen werden. Was für ein außergewöhnlicher Meister! Wie tief ist sein Verständnis der Lehre."

Ein Mann hatte beschlossen, einen Blumengarten anzulegen. Er grub den Boden um und pflanzte die Samen vieler schöner Blumen. Doch als sie aufgingen, füllte sich der Garten nicht nur mit Blumen, sondern auch mit einer Vielzahl an Löwenzahn. Was immer der Mann auch tat und welchen Rat er auch befolgte, es gelang ihm nicht, den Löwenzahn auszurotten. Schließlich wandte er sich an einen Zen-Meister, der auch ein Meister der Gartengestaltung war. Der schlug ihm eine ganze Reihe von Maßnahmen vor, doch alle hatte der Mann schon erfolglos ausprobiert. Eine Zeitlang schwiegen die beiden Männer, dann sagte der Zen-Meister: „Nun, dann schlage ich vor, du lernst den Löwenzahn zu lieben."

Der Zen-Meister war bei einfachen Leuten des Dorfes zum Essen eingeladen. Die Frau des Hauses meinte es besonders gut und dachte, das Essen würde außergewöhnlich gut gelingen, wenn sie während des Kochens in den Sutras lesen würde. Als sie die Speisen auftrug, entschuldigte sie sich dafür, daß das Essen angebrannt war. Sie habe während des Kochens in den Sutras gelesen, in der Hoffnung, daß das Mahl dann besonders gut gelinge. Der Meister sagte mit einem Lächeln: „Es ist gut, daß du in den Sutras liest. Doch nimm in der Küche das nächste Mal ein Kochbuch."

Als der Zen-Meister erfahren hatte, daß sein ältester Sohn ums Leben gekommen war, weinte er bitterlich. Einer seiner engsten Schüler wandt sich an ihn: „Warum weint ihr, Meister? Ihr lehrt doch, das alles Illusion ist." Der Meister erwiderte: „Ja, du hast Recht. In der Tat ist alles Illusion; und der Tod eines Kindes ist die größte dieser Illusionen."

Die Mönche versammelten sich in der Halle, um vor dem Mittagessen die Unterweisungen des Zen-Meister Hogen von Seiryo zu hören. Hogen wies auf die geschlossenen Bambus-Jalousien. Da gingen zwei Mönche zu den Jalousien und rollten sie in gleicher Weise auf. Hogen sagte: „Der eine hat es, der andere nicht."

Die Schüler waren in eine erregte Debatte vertieft, als der Meister hinzutrat. „Worüber habt ihr diskutiert", fragte er. „Wir sprachen gerade darüber, wie sehr wir darunter leiden, von schädlichen Begierden verfolgt zu werden." Der Meister lachte: „So weit seid ihr noch nicht. Derzeit seid ihr es noch, die die Begierden verfolgen."

Zen-Meister Seppo sagte zu seinem fortgeschrittensten Schüler Gensha: „Als Zen-Meister Jenso starb, kam ein Mönch zu mir und fragte mich: ‚Wo mag er hingegangen sein?' Ich sagte: ‚Es ist wie Eis, das sich im Wasser auflöst.'" Gensha bemerkte: „Ich würde das nicht sagen." „Was würdest du sagen?", fragte Seppo. Gensha antwortete: „Es ist wie Wasser, das ins Wasser zurückkehrt."

Ein besonders eifriger Novize übte Tag und Nacht Zazen, er schlief kaum und aß so gut wie nichts. Der Meister rief ihn zu sich und riet ihm, seine Bemühungen zu drosseln und auf sein Befinden mehr Rücksicht zu nehmen. „Aber ich suche Befreiung und will keine Zeit verlieren", erklärte der Novize. „Und woher weißt du", fragte der Meister, „daß die Erleuchtung vor dir herläuft und du ihr nachrennen mußt? Vielleicht ist sie hinter dir, eilt dir nach, und sie vermag nur nicht, dich bei deinem Tempo einzuholen?"

„Der Hauptgrund, warum viele Menschen leiden, liegt darin, daß sie eine Befriedigung aus ihrem Leiden ziehen", sagte der Meister und machte dies an einem Beispiel deutlich: Neulich fuhr ich im Schlafwagen. Unter mir lag ein Mann, der die ganze Zeit stöhnte: „Mein Gott, bin ich durstig; ich bin ja so durstig ..." So ging das die ganze Zeit. Schließlich stand ich auf, holte im Speisewagen ein Glas Wasser und brachte es dem Mann, der es dankbar nahm und in einem Zug leerte. Kaum lag ich wieder in meinem Bett, da höre wieder seine Stimme: „Mein Gott, war ich durstig, ach, wie war ich durstig ..."

Der Zen-Meister war mit einem Schüler in der Stadt unterwegs. Als sie an einem blinden Bettler vorbeikamen, sagte der Meister zu seinem Schüler: „Gib dem Mann ein Almosen!“ Und der Schüler warf dem Mann eine Münze in den Hut. „Jetzt bedanke dich bei ihn“, sagte der Meister. Der Schüler tat dies widerwillig und sagte wenig später: „Warum sollte ich mich verneigen, der Mann war doch blind?“ Der Meister erwiderte: „Dies tut nichts zur Sache, die Verbeugung machst du für dich, und nicht für ihn. Und“, fügte er hinzu, „wer weiß, vielleicht ist der Mann ein Schwindler.“

Ein junger Mann kam in ein Dorf, um sich als spritueller Lehrer zu etablieren, doch alle Dorfbewohner suchten, wenn sie einen Rat benötigten, den ansässigen Zen-Meister auf. Dies mißfiel dem jungen Mann, und er heckte einen Plan aus, den Zen-Meister bloßzustellen. Als der Zen-Meister das nächste Mal zu den Dorfbewohnern sprach, erhob sich der Mann – er hielt einen kleinen Vogel in seiner rechten Hand – und sagte: „Wenn du so weise bist, so sage uns doch, ist dieser Vogel in meiner Hand tot oder lebendig?“ Sein Plan war folgender: Sollte der Zen-Meister „tot“ sagen, so hätte er seine Hand geöffnet und den lebenden Vogel präsentiert. Sollte der Meister allerdings „lebendig“ sagen, so hätte er den Vogel in seiner Hand zerquetscht und den toten Vogel vorgezeigt. Gespannt wartete er auf die Antwort des Meisters. Der Zen-Meister sah ihn voller Mitgefühl an und sagte: „Ob der Vogel lebendig oder tot ist, mein Freund, das liegt ganz allein an dir.“

Im Kloster wurden auch psychisch Kranke behandelt. Ein Besucher hörte hinter einer Tür einen Mann wehklagen: „Ach Yoko, Yoko ...“ „Was hat der Mann für ein Problem“, fragte er den Zen-Meister. „Nun, Yoko war die Frau, die seine Liebe nicht erhört hat“, erklärte der Meister. Wenig später, hinter einer anderen Tür, hörte der Besucher wieder die Stimme eines Mannes: „Oh Yoko, Yoko ...“ „Ist diese Yoko auch sein Problem“, fragte der Besucher. „Ja“, erwiderte der Meister, „ihn hat Yoko erhört und geheiratet.“

In Korea gab es zur Zeit der Bürgerkriege einen ganz besonders grausamen General, der Menschen wahllos niedermetzelte und vor dessen Truppen alle flohen. Nur ein Zen-Meister machte keine Anstalten zu fliehen, als der General mit seinen Männern das Dorf einnahm. Der General ging in das Kloster, zog vor dem Meister sein Schwert und drohte: „Weißt du nicht, wer ich bin? Ohne mit der Wimper zu zucken kann ich dich töten.“ Der Zen-Meister erwiderte sanft: „Und du, weißt du nicht wer ich bin? Ich bin ein Mann, den man töten kann, ohne daß er mit der Wimper zuckt.“ Da verneigte sich der General und untersagte seinen Männern, das Dorf zu plündern.

Einige Würdenträger der Stadt waren im Kloster zu einem einfachen Mahl geladen. Um den Zen-Meister zu beeindrucken, unterhielten sie sich über höchst spirituelle Themen, über Wiedergeburt und Karma. Schließlich ergriff der Bürgermeister das Wort: „Verehrter Meister, uns würde vor allem Ihre Meinung zum Thema Wiedergeburt interessieren." Der Meister schaute von seinem Teller auf und sagte: „Haben Sie schon gekostet? Der Rettich schmeckt ausgezeichnet."

Es war Zeit für die mündliche Unterweisung durch den Meister, doch Zen-Meister Hsüan-sha saß vor den versammelten Mönchen und sagte kein Wort. Nach etwa zwanzig Minuten dachten die Mönche, heute werde es wohl keine Unterweisung geben und begannen sich zurückzuziehen. Da erklang die scharfe Stimme von Meister Hsüan-sha: „Wie ich sehe, seid ihr alle aus dem selben Holz geschnitzt. Nicht einer von euch besitzt den nötigen Scharfblick, klar zu sehen. Ihr seid gekommen, um zu sehen, wie ich den Mund aufmache und Worte plappere, die ihr euch aneignen könnt, in dem Glauben, sie enthielten irgendwelche Wahrheiten. Ein Jammer, daß keiner von euch erkennt, worum es wirklich geht. Würdet ihr so bleiben, es wäre eine Tragödie."

Ein Mönch fragte einmal Zen-Meister Joshu: „Was ist das richtige Wort?" Joshu sagte: „Ja." Der Mönch, der darin keinen Sinn erkennen konnte, fragte ein zweites Mal: „Was ist das richtige Wort?" Joshu schrie: „Ich bin nicht taub." Einige Zeit später fragte ein anderer Mönch, nach dem richtigen Wort. Joshu hustete. Der Mönche fragte: „Ist es das?" Da schrie Joshu: „Darf ein alter Mann nicht einmal mehr husten?" Geraume Zeit später wurde Joshu wieder von einem Mönch befragt: „Was ist das richtige Wort?" Joshu fragte: „Was sagtest du?" „Was ist das richtige Wort?" wiederholte der Mönch seine Frage. Joshu sagte: „Warum machst du zwei daraus?"

Ein Mönch fragte einen alten Zen-Meister: „Tief im Gebirge zwischen den steilen Felshängen, da wo kein Sterbensmensch zu finden ist, gibt es da auch noch das Gesetz des Buddha oder nicht?“ Der Meister erwiderte: „Ja, das gibt es wohl.“ Der Mönch fragte: „Und was ist dort das Gesetz Buddhas?“ Der Meister sagte: „Daß dort die großen Felsen groß und die kleinen klein sind.“

Ein Meister der Tuschmalerei wurde von einem Freund gebeten, einen Bambuswald zu malen. Er malte ihn wie gewöhnlich mit Pinsel und Tusche, aber die Tusche war rot. Der Auftraggeber murrte. „Nun, welche Farbe wolltest du haben?“, fragte der Maler. „Natürlich schwarz“, war die Antwort. „Und wer“, fragte der Maler, „hat jemals einen schwarzen Bambuswald gesehen?“

Als sich Zen-Meister Pan-schan der Verwandlung nahe fühlte, sagte er zu seinen versammelten Mönchen: „Ist einer unter euch, der meine wahre Gestalt zu erkennen vermag?“ Daraufhin zeichnete jeder seiner Schüler ein Bild des Meisters und legte es ihm vor. Der Meister aber schimpfte und war mit allen Bildern unzufrieden. Da trat Pu-hua vor und sagte: „Ich könnte ein entferntes Abbild von euch geben.“ Pan-shan sagte: „Zeige es mir.“ Da lachte Pu-hua, schlug vor dem Meister einen Purzelbaum und verließ die große Halle. Pan-schan sagte zufrieden: „Dieser Kerl wird noch einmal in der Manier eines weisen Narren Menschen zur Befreiung führen.“

Als Pu-hua alt geworden war, bat er eines Tages statt um Speise um ein ihm angemessenes Gewand. Viele boten ihm daraufhin alle möglichen Kleidungsstücke an, doch Pu-hua wies alle zurück. Als Zen-Meister Rinzai von Pu-huas Bitte erfuhr, bestellte er einen Sarg und schenkte ihn Pu-hua mit den Worten: „Ich habe für dich ein angemessenes Gewand anfertigen lassen, tu damit was du willst." Überglücklich band sich Pu-hua den Sarg auf den Rücken, tanzte mit ihm, ein Loblied auf Meister Rinzai singend, durch die Straßen und verkündete, er werde morgen am Osttor der Stadt in die große Verwandlung eingehen. Am nächsten Tag liefen alle Bewohner der Stadt am Osttor zusammen, doch Pu-hua erklärte: „Heute paßt es mir nicht, kommt morgen ans Südtor." Am nächsten Tag erklärte Pu-hua, alle sollten am nächsten Tag ans Westtor kommen. Nachdem er aber auch an diesem Tag, die Menge auf den folgenden Tag ans Nordtor vertröstete, gaben es die Leute auf, ihm nachzulaufen. So war Pu-hua am nächsten Tag allein am Nordtor. Er setzte sich in den Sarg und bat einen zufällig Vorbeikommenden, den Sarg zuzunageln. Und so ging Pu-hua in die Verwandlung ein.

Der Bürgermeister bot jedem eine Belohnung von fünfzig Goldstücken, der einen Vorschlag einbringen konnte, der der Dorfgemeinschaft Geld einspare. Der Zen-Meister des Dorfes schlug dem Bürgermeister vor: „Streichen Sie die Belohnung!"

Zen-Meister Gensha deutete einst auf eine Laterne mit den Worten: „Dies nenne ich Laterne. Wie würdest du es nennen?" Der Schüler antwortete: „Auch ich nenne es Laterne, Meister." Daraufhin erklärte Gensha: „In diesem großen Reich versteht keiner den Zen."

Einst fragte ein Mönch seinen Zen-Meister: „Ich hörte, Ihr habt gesagt, das All des Universums sei eine glänzende Perle. Wie kann ich das Begreifen dessen erlangen?“ Der Meister sagte: „Das ganze Universum ist eine glänzende Perle. Was bedarf es da des Begreifens?“

Ein Gelehrter fragte den Zen-Meister Gudo: „Was geschieht mit einem erleuchteten Menschen nach seinem Tod?“ Gudo erwiderte barsch: „Woher soll ich das wissen?“ Der Gelehrte sagte: „Warum? Weil du ein Meister bist.“ Gudo bemerkte daraufhin: „Ja, aber kein toter.“

Eines Tages sprach der vorsitzende Mönch des Klosters bei Zen-Meister Rinzai vor und fragte: „Was ist letzten Endes der ganze Sinn des Buddha-Gesetzes?“ Meister Rinzai sprang von seinem Sitz auf, packte den Klostervorsteher mit der einen Hand am Kragen, schlug ihn mit der anderen und stieß ihn dann von sich. Wie von einem Donnerschlag getroffen stand der Klostervorsteher da. Ein Mönch, der hinter ihm saß, sagte zu ihm: „Warum macht Ihr nicht eine Verbeugung und bedankt Euch?“ Der Klostervorsteher verbeugte sich, dankte und mit einem Mal widerfuhr ihm Satori.

Der Mönch Mayoku kam zu Meister Shokei, umkreiste den Meister drei Mal, stieß seinen Klingstab auf den Boden, daß es nur so klirrte und stand dann erhobenen Hauptes vor ihm. (Das Klirren der Metallringe des mannshohen Wanderstabes der buddhistischen Bettelmönche soll nicht nur Schlangen und Hunde fernhalten, sondern auch schon von weitem das Nahen eines Mönchs vermelden, damit man ihm ein Almosen bereitstellen kann. Die Kraft, mit der ein Mönch seinen Stab auf die Erde stößt, ist ein Zeichen seiner Entschlossenheit.) Shokei sagte: „Ja, gut so." Wenig später kam Mayoku zu Meister Nansen, umkreiste den Meister drei Mal, stieß seinen Klingstab auf den Boden, daß es nur so klirrte und stand dann erhobenen Hauptes vor ihm. Nansen sagte: „Nein, nicht so." Da beschwerte sich Mayoku bei Meister Nansen: „Meister Shokei sagte mir, so sei es gut. Warum sagt ihr das Gegenteil?" Meister Nansen entgegnete: „Shokei hat Recht, du hast Unrecht. Das sind nur Drehungen des Windes, die sich zuletzt in nichts auflösen."

Eines Tages berichtet ein Mönch dem Zen-Meister Joshu: „Ich habe alles von mir abgeworfen. Nichts mehr ist in meinem Bewußtsein zurückgeblieben. Was sagst du dazu?“ Joshu antwortete: „Wirf auch das noch fort!“ Der Mönch betonte: „Ich habe dir doch eben gesagt, daß nichts in mir zurückgeblieben ist. Was soll ich da noch fortwerfen?“ Da sagte Joshu: „In diesem Fall mußt du es weiter tragen.“

Ein Mönch fragte einen Zen-Meister: „Was ist die allerwichtigste Frage?“ Der Meister erwiderte: „Es ist die, die du mit geschlossenem Mund stellst.“

Ein Pilger kam zu Zen-Meister Joshu und sagte: „Meister! Ich will eine Wallfahrt zu den Klöstern und Tempeln des Südens machen, um die Wahrheit zu finden. Könnt Ihr mir einen Rat erteilen, was ich auf der Pilgerreise zu beachten habe?“ Joshu erwiderte: „Auf einer Pilgerfahrt, die der Wahrheit dienen soll, muß man schnell an den Orten vorübergehen, wo Buddha nicht ist, und darf sich da nicht aufhalten, wo Buddha ist.“

Dongshan besuchte einen alten Zen-Meister und fragte ihn: „Wie stehen die Dinge?“ Der Meister antwortete: „Genau so, wie sie sind.“

Zwei Söhne stritten sich um die Aufteilung des Erbes. Ein Zen-Meister riet: „Der eine Sohn soll das Erbe in zwei Teile teilen, und der andere Sohn soll sich dann den Teil aussuchen, den er will."

Ein Mönch trifft auf dem Dorfplatz einen Einsiedler-Mönch, dessen Hütte abgebrannt ist, und teilt ihm sein aufrichtiges Mitgefühl mit. Der Einsiedler-Mönch entgegnet: „Alles nicht so schlimm. Seit meine Hütte abgebrannt ist, behindert nichts mehr meine Sicht auf den nächtlichen Mond."

Ein junger Zen-Mönch fragte spitzfindig seinen Meister: „Meister, muß man sich nicht erst verlaufen, um seinen Zielort zu finden!“ Der Meister erwiderte: „Seit ich keinen Zielort mehr habe, verlaufe ich mich nicht mehr!“

Ein junger Zen-Mönch fragte besorgt seinen Meister: „Meister, wenn ich eines Tages sterbe, wie mache ich es richtig?“ Der Meister erwiderte ruhig: „Wenn du stirbst, dann stirb einfach.“

Schlusswort

Im Jahr 1828 wurde die Nordküste Japans von schweren Unwettern heimgesucht. Es gab Überschwemmungen und schließlich ein starkes Erdbeben, dem mehr als tausend Menschen zum Opfer fielen. Damals dichtete Zen-Meister Ryokan die folgenden Verse:

Wenn du einem Unheil begegnest,
ist es gut, dem Unheil zu begegnen.
Wenn du stirbst,
ist es gut zu sterben.
Dies ist die wunderbare Weise,
dem Unheil zu entrinnen.